ÉTUDES

SUR LA

DÉCOUVERTE DE LA VAPEUR

ET

L'HISTOIRE DE LA LÉGISLATION DES APPAREILS A VAPEUR

EN FRANCE,

Par M. A. HOUZÉ DE L'AULNOIT, Avocat,

Membre résidant de la Société impériale des Sciences,
de l'Agriculture et des Arts de Lille.

LILLE

IMPRIMERIE DE L. DANEL

1862

ÉTUDES

DÉCOUVERTE DE LA VAPEUR

ET

L'HISTOIRE DE LA LÉGISLATION DES APPAREILS A VAPEUR

EN FRANCE,

Par M. A. HOUZÉ DE L'AULNOIT, Avocat,

Membre résidant de la Société impériale des Sciences,
de l'Agriculture et des Arts de Lille.

LILLE,

IMPRIMERIE DE L. DANEL.

1862.

ÉTUDES

SUR LA DÉCOUVERTE DE LA VAPEUR

ET L'HISTOIRE

DE LA LÉGISLATION DES APPAREILS A VAPEUR EN FRANCE.

PREMIÈRE PARTIE.

DÉCOUVERTE DE LA VAPEUR.

CHAPITRE PREMIER.

De la vapeur dans l'antiquité et au moyen-âge.

Le commerce et l'industrie ont été, dès les temps les plus anciens, les premiers éléments de la prospérité publique. Toute découverte qui a pour résultat d'accroître la somme des productions, réagit d'une manière capitale sur la situation générale des individus et de la société. L'application de la vapeur, comme force motrice, n'est point un de ces faits isolés, dont on puisse attribuer l'honneur à un seul homme. Révélée, approfondie et étudiée par quelques uns de ces esprits d'élite qui marquent leur place à travers les générations, elle est plutôt l'œuvre d'une époque que d'une individualité.

L'antiquité ne nous a transmis que des essais, que des tentatives, dont il faut bien dire quelques mots dans l'histoire de cette puissance nouvelle.

Si la philosophie, les arts, la métaphysique ont atteint leur apogée dans l'antiquité ; si depuis, quelques arts, comme la statuaire, sont restés stationnaires, il n'en est point de même de l'industrie. Cette dernière, dont les succès sont dus à la richesse publique, ne pouvait grandir dans un pays où elle ne recevait point les honneurs et les encouragements de l'autorité.

Entre la découverte d'un phénomène naturel et l'application de ce phénomène pour en obtenir des résultats utiles, il est une distance que l'étude des sciences exactes permet seule d'apprécier et de comprendre. La physique, d'origine toute moderne, ne doit guère au passé que quelques appareils plutôt propres à amuser l'esprit qu'à l'éclairer. Le génie des peuples anciens se prêtait mal à ces observations délicates et multipliées, qui transforment rapidement une idée pour la réalisation d'une application utile. La vapeur, qui, par ses merveilleux emplois, a poussé si rapidement la civilisation dans la voie où elle est entrée de nos jours, est demeurée pendant des siècles ignorée et méconnue; on n'avait point encore songé à chercher dans des phénomènes physiques, des agents destinés à remplacer les forces naturelles ; aussi aborderons-nous rapidement les faits épars, auxquels un respect exagéré pour l'antiquité peut seul permettre de rattacher l'origine et la découverte de la vapeur.

C'est à un écrivain grec d'Alexandrie, Héron, qui vivait 120 ans avant l'ère chrétienne, que Robert Stuart et Arago attribuent l'honneur d'avoir construit la première machine à vapeur connue.

La description de cet appareil nous est donnée par lui dans un petit traité intitulé *Spiritalia* : c'est une sphère ou marmite fermée de toutes parts, à l'exception d'une ouverture donnant accès à un tuyau vertical. Dans l'intérieur de ce tube, on place une boule ; par l'action de la chaleur, cette boule est projetée au-dehors. Ce résultat si simple en lui-même, produit par l'action de la vapeur, ne constituerait au profit du philosophe grec, qu'un titre bien peu sérieux à la découverte de la vapeur, s'il ne se trouvait complété par une autre expérience infiniment plus intéressante.

Il s'est posé un second problème : *faire tourner une petite sphère sur son axe au moyen d'une marmite chauffée*, et il le résout de la manière la plus heureuse ; prenant une marmite contenant de l'eau, et soumise à l'action de la vapeur, il la surmonte d'un tube recourbé communiquant avec la marmite et pénétrant dans l'intérieur d'une petite sphère, suivant un diamètre. A l'autre extrémité de ce diamètre, il place un pivot fixé sur un couvert, au moyen d'une tige pleine, recourbée ; de cette petite sphère sortent deux tubes recourbés à angles droits, en sens inverse l'un de l'autre. Lorsque l'eau sera chauffée, la vapeur pénétrera par la tige ouverte dans la petite sphère, et s'échappant avec violence par les tubes recourbés, fera tourner la sphère sur elle-même.

Cet appareil, dont nous nous expliquons facilement le mécanisme, n'était point considéré par son auteur comme l'explication mécanique de la vapeur d'eau ; cet agent était complètement inconnu, et c'est à l'air échauffé que l'on attribuait le mouvement de rotation de la sphère. Cela est si vrai que le célèbre Vitruve dit, en parlant de l'*Eolipyle* (appareil très-anciennement connu) : « Les Eolipyles sont des boules d'airain creuses n'ayant qu'un très-petit trou par lequel on les remplit d'eau. Ces boules ne poussent aucun air avant d'être chauffées ; mais étant mises devant le feu, aussitôt qu'elles sentent la chaleur, elles envoient un vent impétueux vers le feu, et ainsi enseignent par cette petite expérience des vérités importantes sur la nature de l'air et des vents. » Cette erreur s'est perpétuée tellement longtemps que nous la retrouvons dans quelques auteurs du seizième siècle.

La fontaine de Héron a reçu diverses applications importantes ; même de nos jours, elle sert, par exemple, dans les mines de Schemcitz, en Hongrie, comme machine d'épuisement ; c'est le principe de la lampe de Gérard.

Le moyen-âge ne nous donne aucune invention qui puisse être utilement placée dans une histoire de la vapeur. Les sciences physiques étaient tout entières concentrées dans l'alchimie et la nécromancie.

Vers le milieu du seizième siècle se place la découverte d'un bateau à vapeur attribuée à un espagnol du nom de Blasco de Garay. Quelques mots à ce sujet.

En 1826, M. de Navarette publia dans la correspondance astronomique du baron de Zach, une note communiquée par M. Thomas Gonzalès, directeur des archives royales de Simancas, donnant une relation d'une expérience que l'on dit avoir été faite en l'année 1543, par l'ordre de Charles-Quint, dans le port de Barcelone. — Blasco de Garay, capitaine de vaisseau, avait imaginé une machine au moyen de laquelle il se proposait de mouvoir les vaisseaux sans rames ni voiles ; mais Garay tint cachée la nature de sa machine, et tout ce que l'on put voir pendant l'expérience, ce fut qu'elle consistait en une grande chaudière destinée à contenir de l'eau, et que les roues étaient mises en mouvement sur chaque côté du vaisseau. L'expérience fut faite sur un vaisseau de 200 tonneaux, appelé la *Trinité*, et en présence de plusieurs personnages officiels, envoyés à cette occasion par le roi. Dans le rapport de l'un des témoins, il est dit qu'il avait vu mouvoir le vaisseau d'une vitesse de deux lieues en trois heures ; que la machine était trop compliquée et trop dispendieuse, et de plus, qu'elle était exposée à faire explosion. Le rapport des autres témoins fut plus favorable. On jugea avantageux le résultat de l'expérience, l'inventeur eut de l'avancement, et reçut une récompense de deux cent mille maravédis, outre le remboursement de toutes ses dépenses

Suivant M. de Navarette, il résulte de cette note *que les vaisseaux à vapeur sont une invention espagnole, et que de nos jours on l'a seulement fait revivre.* De là découlerait aussi la conséquence que Blasco de Garay doit être considéré comme le véritable inventeur de la machine à feu.

Mais **M**. Arago, auteur d'une notice historique très-curieuse sur les machines à vapeur, pense que le document exhumé par M. de Navarette, doit être écarté : « 1° parce qu'il n'a été imprimé ni en 1543, ni plus tard ; 2° parce qu'il ne prouve pas que le moteur de la barque de Barcelone était une machine à vapeur ; 3° parce qu'enfin, si une machine à vapeur de Garay a jamais existé, c'était, suivant toute apparence, l'Eolipyle à réaction, déjà décrit dans les œuvres d'Héron d'Alexandrie »

Dans la dernière moitié du seizième siècle, nous ne trouverions aucun nom à signaler, si Robert Stuart n'avait pris soin de relever les écrits de deux hommes entièrement inconnus et que nous ne citons que pour mémoire.

En 1563, dit-il, un certain Mathécius, dans un volume de sermons intitulé *Sarepta*, parle de la possibilité de construire un appareil dont l'action, les propriétés paraissent semblables à la machine à vapeur moderne.

Ce Mathécius, d'après M. Lalaine, était maître d'école à Jaakimstal, ville de Bohême, autrefois célèbre par ses mines d'argent, de cuivre et d'étain. Son ouvrage, imprimé en 1562, n'est qu'un livre de prières : c'est le sermonnaire des mines. Robert Stuart ajoute que trente ans après, dans un livre imprimé à Leipsick, en 1597, on trouve la description de ce qu'on appelle un Eolipyle, que l'on peut, dit-on, utiliser en l'adaptant à un tourne-broche.

Comme on le voit, ces deux inventeurs sont bien loin d'avoir découvert un principe nouveau, ou un mode d'application de la vapeur. L'Eolipyle, d'ailleurs, était connu dans les temps anciens, et le fait d'avoir su l'utiliser, n'est certes point un titre à notre admiration.

Avant d'arriver à Salomon de Caus, auquel une croyance populaire attribue le mérite d'avoir le premier utilisé la vapeur, nous dirons quelques mots des expériences faites par un français,

Rivault, au commencement du dix-septième siècle. En 1605, dit Arago, Flurance Rivault, gentilhomme de la chambre de Henri IV et précepteur de Louis XIII, découvrit qu'une bombe à parois épaisses et contenant de l'eau, fait tôt ou tard explosion, quand on la place sur le feu *après l'avoir bouchée*, c'est-à-dire lorsqu'on empêche la *vapeur d'eau* de se répandre librement dans l'air, à mesure qu'elle s'engendre. La puissance de la vapeur d'eau se trouve ici caractérisée non-seulement par une épreuve nette et susceptible jusqu'à un certain point d'appréciation numérique, mais elle se présente encore à nous comme un terrible moyen de destruction.

Le passage auquel Arago fait allusion, se trouve au livre II des Eléments d'Artillerie, dans lequel Flurance Rivault cherche à établir la nature des substances qui peuvent entrer dans la poudre. Nous croyons que Rivault ne mérite point l'honneur que lui fait Arago. Si, en effet, on lit avec soin ce passage, on est étonné de voir qu'au lieu de bombes à parois épaisses, il parle tout simplement de châtaignes « dont *l'esclat n'a d'eston-nement que pour les enfants*, et a *de quoi épouvanter les plus asseurés hommes, en l'accident des tremblements de terre.*

Résumons-nous donc: ce n'est point à ce siècle que la Providence avait réservé la gloire de découvrir une de ces puissances qui, suivant ses décrets, doivent répandre sur les générations futures les bienfaits de la civilisation.

CHAPITRE II.

Salomon de Caus, sa vie et ses ouvrages.

Nous entrons dans une époque où l'étude patiente de la physique et des phénomènes naturels, signale à notre attention des hommes auxquels divers peuples à l'envi attribuent l'honneur de la découverte de la vapeur : en France, Salomon de Caus ; en Angleterre, le marquis de Worcester, qui vivait sous les derniers Stuarts. Enfin, l'Italie elle-même revendique sa part dans cette lutte brillante, en invoquant les titres du physicien Porta, qui écrivait en 1605, ou ceux de l'architecte Giovanni Blanca, qui a publié à Rome, en 1629, un ouvrage sur les machines.

Salomon de Caus, dont nous devons d'abord nous occuper, publia son livre, sous ce titre singulier : *Les raisons des forces mouvantes avec diverses machines tant utiles que plaisantes, auxquelles sont adjoints plusieurs desseings de grotes et fontaines*, par Salomon de Caus, *ingénieur et architecte de son Altesse Palatine et Electorale*.

L'histoire de Salomon de Caus, et son apparition sur la scène du monde savant, sont un des faits les plus singuliers que l'on puisse imaginer. Longtemps inconnu, ignoré même des hommes dont les travaux sérieux ont fait époque dans la science, Salomon de Caus doit véritablement sa réputation à M. Baillet, inspecteur des mines, qui, en mai 1813, publia dans le journal des mines, un article où il attribue à Salomon de Caus, l'invention de la première machine à vapeur. Quelques années après, en 1829, Arago s'empara à son tour de ce nom et lui attribua toute la gloire de cette découverte. Sous le patronage de cet illustre savant, notre inventeur normand fit son chemin dans le monde, et, jusqu'à ce jour, est demeuré en légitime possession de cet honneur.

Au risque de déplaire à quelques esprits enthousiastes, nous examinerons si les titres de Salomon de Caus sont véritablement fondés, et avec M. Figuier, auteur d'un remarquable travail sur *l'histoire des principales découvertes scientifiques modernes*, nous nous demanderons si Salomon de Caus ne doit point descendre de son piédestal.

L'ouvrage de Salomon de Caus, *les raisons des forces mou-*

vantes, se compose de trois livres, qui ont pour titre, le premier : *les raisons des forces mouvantes ;* le second, *desseings des grotes et fontaines propres pour l'ornemeut des palais, maisons de plaisance et jardins*; et le troisième, *fabrique des orgues.* C'est dans le premier livre, *les raisons des forces mouvantes*, que se trouve l'article relatif à la vapeur d'eau.

Le théorème, *élever l'eau par l'aide du feu au-dessus de son niveau*, sur lequel on fait reposer la gloire de Salomon de Caus, mérite d'être transcrit (*fig.* A) :

« Le troisième moyen, dit-il, de faire monter l'eau est par l'aide du feu, dont il se peut faire diverses machines ; j'en donnerai ici la démonstration d'une. Soit une balle de cuivre marquée A, bien soudée tout à l'entour, à laquelle il y aura un soupirail marqué C, par où l'on mettra l'eau, et aussi un tuyau marqué AB, qui sera soudé en haut de la balle, et dont le bout approchera près du fond, sans y toucher ; après, faut emplir ladite balle d'eau par le soupirail, puis le bien reboucher et le mettre sur le feu : alors la chaleur donnant contre ladite balle, fera monter toute l'eau par le tuyau AB (1). »

Cet appareil qui, selon Arago, est une véritable machine à vapeur, propre à opérer les épuisements, ne peut, quelque soit le respect que l'on professe pour l'opinon de l'illustre savant, remplir que très-imparfaitement le but signalé. Nous croyons bien, en effet, que par l'action de la chaleur, l'eau se transformant en vapeur, celle-ci pèsera de toute sa force sur le liquide contenu dans le vase ; elle parviendra sans doute à l'épuiser complètement ; après quoi, elle s'échappera à son tour par le tube AB. Mais, l'auteur ne nous indique point comment cet appareil produira des résultats utiles ; il ne signale point l'opération continue qui devait se produire pour attacher à sa

---

(1) *Les raisons des forces mouvantes*, 1615, p. 4.

découverte un caractère utile ; cette lacune eût pû être comblée, en ajoutant aū robinet C un tube plongeant dans un réservoir d'eau froide , parce qu'alors la pression atmosphérique eût suffi à faire monter le liquide dans le vase , jusqu'à ce que, échauffé à son tour , il en fût chassé comme précédemment. Mais encore une fois, Salomon de Caus n'a point indiqué cette manière d'utiliser son appareil, qui ne peut rester dans la science , qu'avec le caractère d'un appareil de physique amusante. Sans doute Salomon de Caus nous signale par cette expérience l'énorme ressort de la vapeur d'eau , ressort sur lequel est basé tout entier le système des machines à vapeur , mais l'appareil de Héron d'Alexandrie n'est-il point aussi un effet de l'action produite par la vapeur d'eau ? On ne saurait en douter , et par suite, il faut refuser à Salomon de Caus la faveur glorieuse d'avoir inventé la machine puissante qui a bouleversé le monde.

D'ailleurs, la découverte de ce nouveau moyen d'élever l'eau était loin d'appartenir à Salomon de Caus. Dans une traduction italienne de l'ouvrage latin du physicien napolitain Porta , *Pneumaticorum libri tres* , publié à Naples en 1601 , on trouve la description d'un petit appareil qui a pour but de déterminer en combien de parties d'air peut se transformer une partie d'eau *(per sapere uni parti di acqua un quanto di aria si resolve)* Porta détermine en combien de parties d'air se transforme une partie d'eau , en se servant de la pression qu'exerce de la vapeur d'eau , sur de l'eau liquide contenue dans un petit réservoir. Or , ce moyen d'élever l'eau , en exerçant sur elle une pression par l'effet de la chaleur, Porta est loin de le décrire comme une invention qui lui appartienne. Il était, en effet, connu bien longtemps avant lui , et, dans l'ouvrage de Héron, on trouve plus de vingt appareils fondés sur ce principe , dont la cause seulement échappait aux physiciens de cette époque. Aussi Porta ne s'attribue-t-il même pas la première observation de ce fait ; il le prend dans le courant des opinions communes, et le présente avec simplicité, comme un moyen d'établir par l'expérience une vérité qu'il recherche. On ne peut donc admettre, avec Arago, que Salomon de Caus ait fait le premier une observation de ce genre (1).

Un dernier mot sur cet homme aujourd'hui célèbre. Au mois de novembre 1834, quelques années après la publication de la notice d'Arago, *le Musée des familles* publia une lettre datée du mois de février 1641, adressée par Marion Delorme à Cinq-Mars ; cette prétendue lettre contient le récit d'une visite faite à l'hospice de Bicêtre par Marion Delorme, accompagnée du marquis de Worcester. En traversant la cour des fous, ils auraient aperçu derrière les barreaux de son cabanon, un homme réduit à l'état de folie furieuse, qui ne cessait de crier à tous les visiteurs, qu'il avait fait une découverte admirable, consistant à faire marcher les voitures et les manéges par la seule force de l'eau bouillante.

Cette pièce fabriquée par un mystificateur hardi (2), semble n'avoir eu d'autre but que d'arracher au marquis de Worcester la gloire de la découverte de la vapeur, que les Anglais persistent à lui attribuer. Tout concourt en effet à en démontrer la fausseté : d'abord Solomon de Caus, mort en 1630, ne pouvait être enfermé à Bicêtre en 1641, ensuite Bicêtre était alors une commanderie de Saint-Louis, où l'on donnait asile à d'anciens militaires et non un hôpital de fous ; enfin, Salomon de Caus, et ses ouvrages l'attestent, n'avait jamais pensé à construire une machine utilisant les effets mécaniques de la

---

(1) Louis Figuier, *Exposition et histoire des principales découvertes scientifiques modernes*, Paris 1855, tome 1er.

(2) Edouard Fournier attribue cette lettre à Georges Sand : *De l'esprit dans l'histoire*, p. 28.

vapeur ; mais le public n'y regarde pas de si près ; les arts se sont emparés à l'envi de ce drame terrible, et récemment, à l'exposition de 1855, on a pu voir Salomon de Caus entre Galilée et le Tasse, personnifier le génie méconnu et persécuté.

CHAPITRE III.

Giovanni Branca. — Le Père Leuréchon. — L'évêque Wilkins — Le Père Kircher. — Le marquis de Worcester.

Les expériences que nous avons signalées jusqu'à ce jour, ne nous apparaissent que comme des essais tentés non pas sur la vapeur d'eau, mais bien plutôt sur la raréfaction de l'air et sa dilatation. Quant à la vapeur, aucune application véritablement utile n'a pu encore être démontrée. Afin de déterminer d'une manière aussi complète que possible, l'état de la science au commencement du dix-septième siècle, nous allons rapidement passer en revue les travaux de quelques physiciens de cette époque.

En 1626, le père Leuréchon, jésuite, a publié sous le titre de : *Récréations mathématiques*, un ouvrage qui donne un reflet exact de l'état des sciences physiques au dix-septième siècle. Il insiste particulièrement sur l'Eolipyle, tel que nous le connaissons, en variant cependant à l'infini le tuyau d'où s'échappe la vapeur. Ce serait en vain que l'on chercherait dans ce livre, un fait qui pût éclairer la science.

Vers la même époque, Giovanni Branca, architecte de l'église de Lorette, fit paraître à Rome, sous le titre de : *Le Machine*, un recueil des principales machines connues de son temps. L'une des machines qu'il décrit est un Eolipyle ainsi composé : Le buste d'une statue métallique creuse est placé sur un brasier, un trou, qui se ferme à vis, sert à introduire de l'eau dans ce buste ; un tube adapté à sa bouche lance la vapeur contre les augets d'une roue horizontale, celle-ci au moyen d'une roue dentée, met en action deux pilons; ces pilons, dit Branca, broieront de la poudre ou toute autre matière qu'on voudra (1). En rendant compte de cet appareil, Arago ajoute : Je n'ai pas encore deviné d'après quelles analogies on a pu voir dans cet Eolipyle, le premier germe des machines à vapeur employées de nos jours.

Branca, dans sa compilation des machines dont il a eu connaissance, en signale une assez singulière, mettant à profit l'air chaud et la fumée qui s'échappent d'une cheminée. Il place à son sommet, une roue à augets; divers engrenages communiquent le mouvement de cette roue à un laminoir qui transforme des lames de métal en médailles ou en pièces de monnaie. Cette découverte, du reste, avait déjà été précédemment décrite, au seizième siècle, par Cardan, sous le nom de *machine à fumée*.

Nous ne nous arrêterons pas davantage à la découverte attribuée par Robert Stuart à l'évêque Wilkins, beau-frère de Cromwell et évêque de Chester, qui, malgré ses travaux de théologie, s'était rendu habile dans les sciences physiques et mathématiques. L'appareil qu'il décrit n'est rien autre qu'un Eolipyle, qu'il emploie à faire tourner un tourne-broche.

Nous ne pouvons abandonner ce sujet sans dire quelques mots ou Père Kircher, un des hommes qui, au dix-septième siècle, se montrèrent les plus curieux d'inventions nouvelles. En 1641, il publia un ouvrage intitulé : *Magnes, sive de magneticá arte*. Un des appareils qu'il décrit dans ce livre, est un vase métallique, allongé, contenant de l'eau à sa partie inférieure ; cette eau étant portée en ébullition, la vapeur s'introduit à l'aide d'un tube dans un vase supérieur, et, par la pression qu'elle exerce sur de l'eau contenue dans ce vase, elle chasse violemment celle-ci. Cet appareil avait, comme on le voit, une grande

---

(1) *Le Machine,* del sig. G. Branca, *Roma* 1629.

similitude avec celui de Salomon de Caus, sauf l'existence d'un second vase. Il semblerait que l'auteur de cette machine connaissait la force de la vapeur d'eau ; il n'en est rien cependant ; il suffira de lire le passage même du Père Kircher :

« L'appareil étant ainsi préparé, dit-il, si vous voulez qu'il chasse le liquide à une grande hauteur, *par la force du feu*, placez le vase sur le feu, après l'avoir rempli d'eau. *L'air de ce vase*, comprimé par la raréfaction, et ne trouvant d'issue que par le tube, y passera avec violence et tentera de s'échapper dans le vase supérieur. Mais comme une autre liqueur occupe ce vase supérieur, maintenu dans un espace qu'il ne peut franchir, il entreprend une lutte terrible avec l'eau : il faut donc, ou que le vase soit rompu ou que l'eau cède. Et comme cela est plus facile, l'eau, cédant enfin à *l'effort violent de l'air raréfié*, s'élancera dans l'air avec une grande impétuosité par le tube, et fournira un coup d'œil agréable aux spectateurs. »

Ainsi, les phénomènes physiques signalés par le Père Kircher étaient attribués à une tout autre cause que la véritable ; on peut donc juger par là de l'état de la science cette époque.

Le marquis de Worcester, dont nous avons parlé au commencement de ce travail, est généralement considéré en Angleterre, comme le seul et véritable inventeur de la machine à vapeur. C'était un grand seigneur, fort amateur de toutes les choses nouvelles, et qui recueillait volontiers toutes les inventions qui parvenaient à sa connaissance.

En 1663, il publia à Londres, un ouvrage intitulé : *Century of inventions (Catalogue descriptif des noms de toutes les inventions que je puis me rappeler avoir faites ou confectionnées, ayant perdu mes premières notes).*

La soixante-huitième invention contient l'unique titre sur lequel se fonde M. Pardington, de l'institut de Londres, dans sa nouvelle édition, 1825, de la *Century of inventions*, pour décider avec tous ses compatriotes, qu'au marquis de Worcester seul appartient la gloire d'avoir le premier appliqué la vapeur comme agent mécanique; lisons d'abord ce passage pour mieux apprécier l'étendue de cette découverte :

« J'ai inventé un moyen admirable et très-puissant d'élever l'eau, à l'aide du feu, non par aspiration, car alors on serait enfermé, comme disent les philosophes, *intra sphœram acti-vitatis* (dans la sphère d'activité), l'opération ne s'opérant que pour certaines distances; mais mon moyen n'a pas de limite, si le vase a une force suffisante.

» Je pris un canon entier dont la bouche avait éclaté et l'ayant rempli d'eau aux trois quarts, je fermai par des vis l'extrêmité rompue et la lumière; j'entretins ensuite au-dessous un feu constant, et, au bout de 24 heures, le canon se brisa en faisant un grand bruit. Ayant alors trouvé le moyen de former des vases de telle manière qu'ils sont conso-lidés par la force intérieure, et qui se remplissent l'un après l'autre, j'ai vu jaillir l'eau comme un jet continuel à la hauteur de 40 pieds; un vase d'eau raréfié par l'action du feu élevait 40 vases d'eau froide. L'ouvrier qui surveille la manœuvre n'a que deux robinets à ouvrir, de telle sorte qu'au moment où l'un des deux vases est épuisé, il se remplit d'eau froide pendant que l'autre commence à agir, et ainsi successivement. Le feu est entretenu dans un degré constant d'activité par les soins du même ouvrier; il a pour cela tout le temps nécessaire durant l'intervalle que lui laisse la manœuvre des robinets. »

Maintenant examinons avec M. Arago quel est le véritable ca-ractère de cette invention.

« J'y vois, dit-il, d'abord une expérience propre à montrer que l'eau réduite en vapeur peut, à la longue, rompre les parois des vases qui la renferment ; or, cette expérience était déjà connue, en 1605, puisque Flurance Rivault dit expressément que les

Éolipyles crèvent avec fracas, quand on empêche la vapeur de s'échapper. Il ajoute même : *L'effet de la raréfaction de l'eau a de quoi épouvanter les plus assurés des hommes.* (Eléments d'artillerie, p. 128, Paris, 1605.)

» J'y vois encore l'idée d'élever l'eau à l'aide de la force élastique de la vapeur, mais cette découverte ne lui est point essentiellement propre.

» J'y trouve enfin la description d'un appareil propre à opérer cet effet, mais qui n'a pas reconnu que la boule métallique de Salomon de Caus élèverait aussi de l'eau à une hauteur quelconque, si l'on supposait ses parois suffisamment fortes et la chaleur assez intense ? Peut-être, dira-t-on, que la machine du marquis de Worcester est préférable ? Je pourrais l'accorder sans que cela tirât à conséquence ; car il n'est pas question dans ce moment de rechercher quel ingénieur a imaginé la meilleure machine à feu, mais seulement qui a pensé le premier à tirer parti de la force élastique de la vapeur pour soulever un poids ou pour produire du mouvement. Au reste, avant de comparer le projet du marquis de Worcester à tout autre projet, il faudrait savoir bien exactement en quoi le premier consistait ; or, ce problème n'a point encore été résolu, par la raison toute simple que la description de la 68ᵉ invention du lord anglais n'est pas suffisamment détaillée. Personne aujourd'hui ne serait embarrassé s'il fallait construire une machine d'épuisement dans laquelle l'eau serait soulevée par l'action de la vapeur ; mais quand il est question de reproduire celle du marquis de Worcester, on doit s'astreindre à faire ce que dit l'auteur et pas davantage. En supposant ces deux conditions, M. Stuart a trouvé qu'on approcherait autant que possible de la description de son compatriote, si l'on groupait deux appareils de Salomon de Caus, de manière à obtenir par leur jeu alternatif un écoulement continu. Les autres solutions qu'on a données jusqu'ici de la même question, celle de Millington par exemple, sont évidemment inadmissibles (1). »

Le marquis de Worcester n'est pas mieux traité par l'un de ses compatriotes que par l'illustre astronome français.

Dans son histoire descriptive de la machine à vapeur, Robert Stuart s'exprime ainsi :

« S'il est vrai, dit cet historien, que le marquis ait jamais fait des expériences sur l'élasticité de la vapeur (car il est permis de mettre en doute l'expérience du canon), ou ait tenté de mettre à exécution son projet, en construisant une machine, il est vrai de dire qu'il ne reste aucune trace, ni de ses expériences ni de son appareil; aussi il est plus raisonnable de révoquer en doute les travaux dont il se glorifie. La clause de l'acte du Parlement par laquelle on lui accorde le privilége de son monopole fortifie singulièrement notre soupçon, et lui donne presque un caractère de certitude ; car il est expressément dit (et cette clause prouve que le procédé était tout nouveau) *que le brevet a été délivré au marquis sur sa simple affirmation qu'il était l'auteur de la découverte.* Il n'est pas vraisemblable qu'on eût motivé ainsi son brevet, s'il eût eu une machine à montrer ou une expérience à rapporter. »

Avant de terminer ce qui concerne le marquis de Worcester, il est curieux de connaître à quelle circonstance toute particuculière il doit l'honneur qui lui est attribué. Au commencément du siècle dernier, lorsque parurent les premières machines à vapeur qui aient été construites, le capitaine anglais Savery réclama pour sa machine le mérite de la priorité. Denis Papin, ingénieur français, protesta énergiquement contre ces prétentions; il habitait alors l'Allemagne et l'entrée de la France lui était interdite comme membre de la religion réformée. Un savant

---

(1) Arago. *Histoire de la machine à vapeur.*

abbé, Jean de Hautefeuille, qui vivait à Orléans, prit fait et cause contre Denis Papin ; les Anglais se joignirent à-lui et introduisirent alors pour la première fois dans le débat, l'ouvrage du marquis de Worcester, profondément ignoré jusque là.

Ce nouvel élément détermina la victoire en faveur des adversaires de notre compatriote, et l'abbé Hautefeuille, en voulant détourner d'un hérétique la gloire d'une si brillante invention, priva en même temps la France de la gloire légitime qui lui en revenait.

CHAPITRE IV.

De la pression atmosphérique. — De l'emploi du baromètre pour déterminer la pression atmo sphérique. — Torricelli et Pascal. — Machine pneumatique. — Otto de Guericke.

Avant d'aborder l'étude de la machine inventée par Denis Papin, il importe de bien faire connaître les progrès de la science à cette époque, et les expériences qui amenèrent cette grand découverte.

C'est à Torricelli, qui vivait à Rome vers **1630**, qu'est due l'invention du baromètre.

Torricelli (Evangéliste), né à Faenza, le 15 octobre 1608, montra beaucoup de génie pour les mathématiques. Envoyé à Rome, pour s'y perfectionner, il y fut disciple du Père *Benoît Castelli*, abbé du Mont-Cassin, qui le fit connaître à *Galilée*. Ce célèbre mathématicien ayant vu le *Traité du Mouvement* du jeune *Torricelli*, l'appela auprès de lui à Florence, comme l'homme le plus capable de recueillir les observations que son âge, ses infirmités et la perte de sa vue l'empêchaient de mettre au jour. Galilée étant mort en **1641**, *Torricelli* eut une chaire de professeur de mathématiques à Florence, et il cultiva également la géométrie et la physique.

Voici le fait qui conduisit Torricelli à l'importante découverte du baromètre :

Les fontainiers du grand duc de Florence avaient construit pour amener l'eau dans le palais ducal, des pompes aspirantes dont le tuyau dépassait 40 pieds de hauteur ; quand on voulut les mettre en jeu, l'eau refusa de s'élever jusqu'à l'extrémité du tuyau. Galilée, consulté sur ce fait, mesura la hauteur à laquelle s'arrêtait la colonne d'eau, et la trouva d'environ 32 pieds. Il apprit alors des ouvriers employés à ce travail que ce phénomène était constant, et que l'eau ne pouvait jamais s'élever, dans les pompes aspirantes, à une hauteur supérieure à 32 pieds. L'ascension de l'eau dans les pompes s'expliquait alors par le principe de *l'horreur du vide*, axiôme célèbre de la scolastique : la nature, disait-on, n'admettait que le plein, et comme elle ne pouvait souffrir le vide qui se serait trouvé entre le piston soulevé et le niveau de l'eau, celle-ci était forcée de suivre le piston dans son ascension. Sans rejeter entièrement l'opinion des physiciens de son temps, Galilée crut pouvoir expliquer le fait en disant que la longueur d'une colonne d'eau de 32 pieds produisait un poids trop considérable pour que la base de la colonne liquide pût le supporter. Il compara ce phénomène à celui que présente une corde horizontale tendue à ses deux extrémités, et qui, à une certaine longueur, finit par se rompre, parce qu'elle ne peut plus supporter son propre poids (1).

Torricelli, méditant sur ce fait, se demanda si la pression atmosphérique n'était point la cause de ce phénomène. Afin d'expérimenter cette opinion, il prit un tube rempli de mercure et le plaça perpendiculairement par l'orifice ouvert dans un bain de mercure. Si la pesanteur de l'air était véritablement la cause

---

(1) Dialogi di Galileo. *Opera di Galileo Galilei* (t. II, p. 489). V. Louis Figuier, 1855.

de l'ascension du liquide dans les tuyaux, le mercure, étant 14 fois plus dense que l'eau, devait s'élever à une hauteur proportionnelle à sa densité, c'est-à-dire 28 pouces. C'est, en effet, ce qui eut lieu ; le mercure s'affaissa et demeura en suspension à la hauteur que nous venons d'indiquer. Torricelli venait de démontrer de la manière la plus saisissante la pression atmosphérique ; aussi cette expérience eut-elle un immense retentissement et valut-elle à son inventeur l'honneur de donner au baromètre son nom ; on l'appela *tube de Torricelli*.

C'est à partir de ce moment que Blaise Pascal, qui habitait Rouen, eut connaissance des travaux de Torricelli. Pascal voulut immédiatement répéter par lui-même ces expériences ; il se mit à l'œuvre, et avec un sieur Petit, directeur des fortifications de Rouen, il répéta la fameuse expérience des fontainiers de Florence. Il prit un tube d'une longueur de 46 pieds, fermé à l'un de ses bouts, le remplit de *vin* rouge, et le renversa dans une cuve pleine d'eau. Le liquide descendit dans le tube et s'arrêta à une hauteur de 32 pieds.

On interprétait, nous l'avons dit, l'ascension de l'eau dans un corps de pompe par l'horreur de la nature pour le vide ; quand il fut constaté qu'au-delà de 32 pieds l'eau ne s'élevait plus, on fut contraint de dire que la nature n'avait horreur du vide que jusqu'à 32 pieds. Pascal lui-même ne put tout d'abord se dégager de cette croyance universelle. En parlant de l'horreur du vide il dit :« La force de cette inclination est limitée et toujours égale à celle avec laquelle l'eau d'une certaine hauteur, qui est d'environ 31 pieds, tend à couler en bas (1). »

Sur ces entrefaites, Pascal eut avis d'une nouvelle expérience de Torricelli, qui ouvrit à son génie un horizon nouveau. Le monde savant n'avait pu encore s'habituer à abandonner cette

---

(1) *OEuvres de Blaise Pascal*, 1779, t. IV, p. 67.

opinion , consacrée par le temps, de *l'horreur du vide.* Pascal, disons-nous, apprit que Torricelli, *en faisant le vide dans le vide,* c'est-à-dire en plaçant son tube dans le vide, faisait monter et descendre à volonté le mercure. Pascal médita profondément ce phénomène et pensa que la démonstration de la pression atmosphérique serait complète, si, en s'élevant sur une haute montagne, là où la pression devait être moindre que dans les plaines, la colonne de mercure diminuait sensiblement de hauteur.

Le 15 novembre 1647, Pascal écrivit à son beau-frère Perrier, conseiller à la cour des aides d'Auvergne , et qui se trouvait alors à Moulins, pour le prier, à raison de l'impossibilité où il se trouvait de quitter Paris, de vouloir bien tenter sur le Puy-de-Dôme, montagne élevée de 500 toises, l'expérimentation du baromètre. Cette expérience célèbre, après plusieurs entraves , eut enfin lieu le 16 septembre 1648. Elle donna les résultats suivants : Le mercure qui, à la base , s'élevait à 26 pouces 3 lignes 1/2 ne s'élevait plus au sommet qu'à 23 pouces 2 lignes. Vers le milieu de la montagne, le mercure s'élevait à 25 pouces ; aucune espèce de doute ne pouvait plus s'élever, la colonne de mercure représentait exactement le poids de l'atmosphère, elle montait ou s'abaissait suivant qu'elle était mesurée à des hauteurs différentes.

Pascal apprit les heureux résultats de cette expérience avec une joie infinie, et s'appliqua dès-lors avec le plus grand succès à expliquer plusieurs phénomènes physiques dont la cause avait échappé à toutes les investigations.

Dans cet horizon nouveau ouvert à l'avidité du monde savant, des expériences nombreuses signalèrent, à chaque pas, les efforts des physiciens. On imagina de peser l'air, et l'on y réussit parfaitement au moyen de deux ballons de verre dans l'un desquels on avait fait le vide.

C'est à Otto de Guéricke, conseiller électeur de Brandebourg, et bourgmestre de Magdebourg, qu'est due l'invention de la machine pneumatique, au moyen de laquelle on arrive à produire le vide dans un espace clos.

Les premières tentatives auxquelles il se livra ne furent point couronnées de succès; il essaya d'abord de faire le vide dans des vases en bois, des tonneaux par exemple, au moyen d'une pompe aspirante, mais l'air pénétrait à travers les pores du bois.

Il essaya ensuite un vase de cuivre, mais lorsque le vide n'était encore qu'à moitié fait, le vase éclata avec une grande violence; ce vase n'était point parfaitement sphérique et c'est à cette circonstance qu'Otto de Guéricke attribua l'accident qui était survenu, la forme sphérique ayant seule assez de résistance, pour ne point céder à la pression atmosphérique. Mieux éclairé, il fit construire une nouvelle sphère en cuivre, et l'expérience réussit parfaitement. Plus tard, il remplaça le cuivre par du verre afin de rendre ses expériences plus sensibles. Otto de Guéricke parvint ainsi, par des études multipliées, à déterminer l'influence de l'air sur la transmission du son, son rôle dans la translation de la lumière, dans les phénomènes de la combustion, de la respiration et de la vie des animaux.

Nous passerons rapidement sur plusieurs autres expériences du célèbre physicien, bien qu'elles aient eu le plus grand retentissement au XVIIe siècle; ainsi, tout le monde connaît aujourd'hui les hémisphères de *Magdebourg* : ce sont deux demi-sphères, appliquées l'une contre l'autre, au moyen d'un cuir mouillé. Par un robinet adapté à l'une d'elles, Otto de Guéricke faisait le vide, puis, les forces les plus énergiques étaient employées pour les séparer. A un appareil ayant trois quarts d'aune de diamètre, il fit atteler seize chevaux, qui ne purent vaincre la résistance que l'air opposait. Le même appareil suspendu au plafond d'une chambre supportait un poids de 2686 livres. On construisit une autre sphère d'une aune de diamètre; l'effort de vingt-quatre chevaux ne put rompre l'adhérence de ses deux parties; les hémisphères supportaient, sans se séparer, un poids de 5400 livres.

Depuis que les expériences de Pascal avaient constaté que chaque décimètre carré supportait un poids de 100 kilogrammes d'air et qu'Otto de Guéricke, sans effort, était parvenu à supprimer instantanément cette résistance, on put espérer voir naître bientôt une application utile de ces connaissances nouvelles. Le premier expérimentateur que nous rencontrons sur notre route, est un mécanicien français, Denis Papin, auquel appartient véritablement l'honneur d'avoir construit la première machine à vapeur.

CHAPITRE V.

Denis Papin.

Papin naquit à Blois, le vingt-deux août 1647. Il appartenait à la religion réformée, et avait pour père un médecin distingué ; il était également allié à Nicolas Papin, autre médecin connu par quelques ouvrages scientifiques. Il manifesta de bonne heure une aptitude toute spéciale pour les mathématiques ; mais les vœux de sa famille le portaient vers la médecine. Il commença ses études médicales à Paris, et revint à Orléans pour y prendre son diplôme de docteur. A vingt-quatre ans, nous le trouvons cependant établi à Paris, pour exercer sa profession. Dès cette époque, le hasard lui fournit les moyens de donner un libre cours à son goût prononcé pour la physique et la mécanique. « J'avais alors, dit-il, l'honneur de vivre à la bibliothèque du roi, et d'aider Huygens dans un grand nombre de ses expériences. J'avais beaucoup à faire touchant la machine pour appliquer la poudre à canon à lever des poids considérables, et j'en fis l'essai moi-même quand on la présenta à M. de Colbert (1). »

____

(1) *Acta eruditorum Lipsiæ*, septembre 1688.

Le célèbre Huygens , inventeur de l'horloge à pendule , habitait en ce moment Paris. Afin de l'attacher à la France, Colbert lui avait fait obtenir un logement à la bibliothèque royale , et de la munificence du roi , une pension considérable. Il avait été l'un des premiers inscrits sur la liste des membres de l'Académie des sciences , fondée par Colbert.

Papin publia son premier ouvrage à Paris, en 1674, sous ce titre : *Nouvelles expériences du vide avec la description des machines qui servent à le faire.*

Cet ouvrage, qui contenait une dissertation assez étendue sur quelques unes des expériences d'Otto de Guéricke, eut les honneurs d'une mention particulière dans le journal des savants, et d'un compte rendu à l'Académie des sciences.

Vers la fin de l'année 1675, Papin quitta la France pour aller se fixer à Londres; il fut présenté à Robert Boyle, l'illustre fondateur de la société royale de Londres. L'attention de ce dernier avait été fixée sur Papin par *un certain traité français, petit de volume, mais très-ingénieux, contenant plusieurs expériences sur la conservation des fruits et quelques autres points de différentes matières* (1). Robert Boyle occupait une haute position dans la science. Après avoir voyagé pendant plusieurs années sur le continent, il s'était retiré dans sa terre de Stuldbridge. Loin des troubles civils et politiques qui agitaient sa patrie, il préparait dans le silence du cabinet les grandes découvertes qui devaient illustrer son nom. Entouré de quelques amis de son choix, il avait donné à ces réunions le titre de *collége philosophique* dont il était le président. Plus tard , à son avénement au trône, en 1660, Charles II forma des débris de ce comité scientifique, la société royale de Londres. Les travaux de Papin et de Robert Boyle eurent principalement pour objet des expériences sur la vapeur d'eau bouillante, expériences qui, plus tard, devaient

---

(1) *Roberti Boyle opera varia*, Genève 1682. T. Q. Bayle 6.

porter leurs fruits entre les mains du savant français. C'est vers cette époque, 1678, que Papin inventa la machine pneumatique, à deux corps de pompes, et le fusil à vent. Papin devint bientôt, sous le patronage de son illustre protecteur, membre de la société royale de Londres ; il y fut admis le 16 décembre 1680.

Un de ses premiers titres à l'admiration du monde savant, fut l'invention du *digesteur*, communément connu sous le nom de marmite de Papin. Les effets de cette découverte sont ainsi résumés dans une traduction française, publiée en 1682, de l'ouvrage de Papin : *La manière d'amollir les os, et de faire cuire toutes sortes de viandes en fort peu de temps et à peu de frais, avec une description de la machine dont il faut se servir pour cet effet : ses propriétés et ses usages, confirmés par plusieurs expériences nouvellement inventées par M. Papin, docteur en médecine.* Cet appareil était muni d'une *soupape de sûreté* destinée à préserver l'expérimentateur contre l'explosion du *digesteur*. Cette soupape constitue à nos yeux une des découvertes les plus importantes qui aient paru jusque là, en permettant d'obtenir de la vapeur les effets les plus énergiques et les plus complets. Papin avait si bien compris toute l'importance de cet appareil, consistant en une soupape fermée au moyen d'une petite verge de fer qui, fixée par une de ses extrémités à une charnière, portait à l'autre bout un poids mobile, qu'il le considérait comme l'élément essentiel de son invention. Il avait calculé la pression nécessaire pour soulever ce poids. « De sorte que, ajoute-t-il, lorsque la soupape laisse échapper quelque chose, je conclus que la pression dans le bain-marie est environ huit fois plus forte que la pression de l'air, puisqu'elle peut soulever non-seulement le poids qui résiste à ces pressions, mais aussi la verge que j'ai éprouvée, qui résiste à deux ; et ainsi, en augmentant ou en diminuant le poids, ou en le changeant de place, je connais toujours à peu près combien la pression est forte dans la machine. »

Papin devait se trouver heureux de la situation qui lui était faite en Angleterre; indépendant et honoré, il eût pu couler des jours tranquilles au milieu des études qui avaient rempli sa vie ; mais , des motifs ignorés pour nous le décidèrent à quitter cette nouvelle patrie. Il vint à Venise, attiré par les offres du chevalier Sarroti, secrétaire du sénat de Venise. Pendant deux années , il renouvela ses expériences du *digesteur*, et des effets de la vapeur d'eau. Il passa bientôt pour un des plus savants hommes de l'Italie ; mais la gloire ne conduit pas toujours à la fortune. Papin l'éprouva cruellement , et se voyant presque sans ressources, il se décida à retourner en Angleterre.

C'est ici qu'il convient de placer la description de la machine inventée par Papin, qui se trouve expliquée fort nettement dans les actes de Leipzick, pour l'année 1688, p. 644, et ensuite, avec quelques nouveaux développements, dans une lettre au comte Guillaume Maurice. (Voir l'ouvrage imprimé à Cassel, en 1695, et intitulé : *Recueil de diverses pièces touchant quelques nouvelles machines*, p. 38 et suiv.) Supposons un corps de pompe, dans lequel un piston se meut librement ; si nous prenons l'instant où le piston est en haut de sa course, et que le vide soit fait dans le corps de pompe, ce piston sera attiré dans le corps de pompe avec une force égale à cent kilogrammes par chaque décimètre carré de sa surface ; or, si à la partie extérieure de ce piston, est attachée une corde qui s'enroule sur une poulie, ce piston entraînera après lui le corps suspendu à l'extrémité de la corde.

Il nous reste maintenant à faire connaître les moyens que Papin avait proposés pour anéantir, au moment convenable, la couche d'air atmosphérique, qui, placée sous le piston, aurait empêché son mouvement descendant, ou, ce qui revient au même, comment il faisait à volonté le vide dans la partie inférieure du corps de pompe.

Ce physicien eut quelque temps la pensée de se servir pour cela d'une roue hydraulique qui aurait fait mouvoir les pistons d'une pompe aspirante ordinaire. Lorsque le cours d'eau chargé de mettre cette roue en mouvement se serait trouvé très-éloigné de la machine, il aurait lié celle-ci à la pompe, par l'intermédiaire d'un tuyau métallique continu, semblable à ceux des usines à gaz de nos jours ; c'était, disait-il, *un moyen de transporter fort loin la force des rivières.*

Dans cet état, en 1687, la machine fut présentée à la société royale de Londres, où elle donna lieu à des difficultés dont Papin fait mention, sans dire cependant én quoi elles consistaient. (Voyez recueil, page 41.) Auparavant, il avait essayé de faire le vide sous le piston, au moyen de la poudre, « mais nonobstant toutes les précautions qu'on y a observées, dit-il, il est toujours demeuré dans le tuyau, environ la cinquième partie de l'air qu'il contient d'ordinaire, ce qui cause deux différents inconvénients : l'un est que l'on perd la moitié de la force qu'on devrait avoir, en sorte que l'on ne pouvait élever que 150 livres à un pied de haut, au lieu de 300 livres qu'on aurait dû élever, si le tuyau avait été parfaitement vide ; l'autre inconvénient est qu'à mesure que le piston monte, la force qui le repousse en bas diminue de plus en plus. (Recueil, etc., page 52).

« J'ai donc tâché, ajoute-t il, d'en venir à bout d'une autre manière ; *et comme l'eau a la propriété, étant par le feu changée en vapeurs, de faire ressort comme l'air, et ensuite de se recondenser si bien par le froid qu'il ne lui reste plus aucune apparence de cette force de ressort, j'ai cru qu'il ne serait pas difficile de faire des machines dans lesquelles, par le moyen d'une chaleur médiocre et à peu de frais, l'eau ferait ce vide parfait qu'on a inutilement cherché par le moyen de la poudre à canon.* »

Cet important paragraphe se trouve à la page 53 du recueil imprimé à Cassel en 1695, comme extrait des actes de Leipzig, du mois d'août 1690. Il est suivi de la description du petit appareil dont il se servit pour essayer son invention. « Le corps de pompe n'avait que 2 pouces 1/2 de diamètre et ne pesait que cinq onces ; à chaque oscillation, il élevait cependant 60 livres d'une quantité égale à celle que mesurait l'étendue de la course descendante du piston. La vapeur disparaissait si complètement quand on ôtait le feu que le piston dont cette vapeur avait amené le mouvement ascensionnel, redescendait jusque tout au fond, en sorte qu'on ne saurait soupçonner qu'il y ait aucun air en-dessous pour le presser et résister à cette descente. (Recueil, p. 55). » L'eau qui fournissait la vapeur dans ces premiers essais n'était pas contenue dans une chaudière séparée ; elle avait été déposée dans le corps de pompe même sur la plaque métallique qu'il bouchait par le bas. C'était cette plaque que Papin échauffait directement pour transformer l'eau en vapeur ; c'était la même plaque qu'il refroidissait en éloignant le feu, quand il voulait opérer la condensation. Il suppose qu'avec un feu médiocre, une minute lui suffisait dans les expériences de 1690, pour chasser ainsi le piston jusqu'au haut de son tuyau. (Recueil, p. 55). Mais dans des essais postérieurs, il vidait les tuyaux en un quart de minute (Recueil, p. 61). Quelque imparfait que fût cet appareil, il n'en constitue pas moins, au profit de Papin, une découverte dont les effets sont incalculables. Elle suffit à la gloire de son nom, comme elle est, pour sa patrie, le titre le plus sérieux à l'honneur de la découverte de la première machine à vapeur. Le grand problème de faire le vide dans un cylindre était enfin résolu. Il ne s'agissait plus que d'en déduire les conséquences, et c'est là le mérite de ceux qui l'ont suivi. L'industrie devait bientôt s'en emparer, et, dans le courant du XVIIIe siècle, nous verrons Savery, Newcomen et enfin l'illustre Watt transformer cette première machine informe, en un merveilleux moteur d'une puissance illimitée.

L'invention de Papin n'obtint point tout le succès qu'il en attendait; soit qu'elle ne fût point comprise, soit que la fortune se fût détournée de lui, le public demeura indifférent, et c'est à peine si un seul recueil scientifique, *Les Actes de Leipsick*, enregistra le mémoire de Papin. Papin abandonna pendant quinze ans cette idée féconde, et ce n'est qu'en 1705, alors que Leibniz lui eut envoyé le modèle de la machine de Savery , afin de connaître son avis sur l'œuvre du mécanicien anglais, qu'il se remit à l'œuvre. Il publia sous le titre de : *Nouvelles manières pour élever l'eau par la force du feu*, la description d'une machine par laquelle il abandonnait de la manière la plus regrettable le principe même de sa première découverte. La vapeur, au lieu d'être employée comme agent principal pour soulever le piston , et faire le vide dans le cylindre, n'apparaît plus que comme levier pour élever l'eau dans l'intérieur d'un tube et la faire retomber sur les augets d'une roue hydraulique afin de lui donner le mouvement.

Les découvertes récentes faites par Kuhlmann , professeur à l'Université de Hanovre , viennent de jeter un jour tout nouveau sur la seconde partie de la vie de Papin. Dans une correspondance échangée entre Leibniz et lui, dans le courant de l'année 1707 , nous lisons que Papin , après avoir fait construire une machine à vapeur, d'après son nouveau système , l'avait placée sur un bateau qui navigua sur une rivière appelée la Fulda ; que voulant transporter son invention en Angleterre où il espérait la voir appliquer sur une grande échelle , il sollicita de l'électeur de Hanovre l'autorisation de faire passer son bateau des eaux de la Fulda dans celles du Weser. Mais cette faveur lui ayant été refusée, il voulut passer outre et les bateliers de Minden, dans un transport de jalousie contre cette merveilleuse machine , qui menaçait de les déposséder de leurs priviléges, mirent en pièces le bateau et la machine. Ce fait incroyable est attesté par une lettre du bailly de Minden, du 27 septembre 1707, adressée à Leibniz et confirmée par une autre lettre du 20 octobre, écrite au même par un certain Hatenbach , lettre où nous trouvons : *Le pauvre Papin a été obligé de laisser son bateau à Minden , n'ayant jamais pu obtenir de l'amener*.

Papin se vit donc obligé de quitter l'Allemagne, privé de son œuvre qui lui avait coûté tant de peine et de dépenses ; il arriva à Londres, pauvre, dénué de tout, l'âme attristée par le malheur qui n'avait cessé de peser sur lui. Ses anciens amis étaient morts ; on se souvenait à peine de son nom ; il frappa néanmoins encore une fois à la porte de la Société royale, sollicitant quelques secours pour la continuation de ses expériences. Dans ses lettres à M. Sloane, secrétaire de cette Société, il réclame contre l'insuffisance de ses ressources qui l'empêche à chaque instant de mettre en œuvre ses inventions, et cette pauvreté, qui l'accabla pendant ses dernières années lui était d'autant plus cruelle qu'il était chargé de famille (1).

Papin mourut vers l'année 1714 ; le lieu de sa mort ne nous est point connu ; sans doute que la privation et la misère avaient fait l'isolement autour de lui, et que ses derniers moments ne furent point adoucis par les consolations d'un ami.

Papin occupe un rang distingué parmi les hommes auxquels la civilisation doit ses progrès ; il est de ceux qui honorent leur patrie et dont la place est honorablement marquée dans les fastes de la science.

CHAPITRE VI.

Le capitaine T. Savery. — Machine de Savery et Newcomen. — Machine atmosphérique. — Découverte par Potter, de la manière de faire fonctionner les soupapes.

Thomas Savery, qui, de simple ouvrier dans les mines, était devenu capitaine de marine et ingénieur, avait depuis longtemps cherché les moyens d'opérer les épuisements dans les mines de houille. Les exploitations les plus importantes étaient à chaque

---

(1) *Lettres inédites de Papin*, publiées par M. Bunsen, professeur de physique, à Marebourg.

instant obligées de suspendre leurs travaux par suite de l'irruption [des eaux. Les procédés employés étaient reconnus insuffisants, et tout moyen nouveau était immédiatement recherché et appliqué avec empressement.

Savery, qui avait médité sur la machine de Papin, au lieu de la simplifier en isolant le générateur du corps de pompe, ne songea qu'à tirer parti de la pression exercée par la vapeur de l'eau bouillante.

C'est en 1698 que le capitaine Savery obtint un brevet pour la construction d'une machine à vapeur. Elle fut essayée à Hamptoncourt, en présence du roi Guillaume, et le 14 juin 1699, la Société royale assista à l'une de ces expériences (*fig. 2.*)

La machine à vapeur de Savery, comme toutes celles qui ont été construites depuis, se compose essentiellement de deux parties distinctes. La première dans laquelle se produit la vapeur est la chaudière; dans la seconde, la vapeur est employée comme puissance motrice. Voici comment fonctionnait cette machine : la vapeur était développée dans le récipient B sous lequel était allumé un brasier; cette vapeur, par l'ouverture du robinet, pénétrait dans le récipient S, lequel était plein d'eau; la vapeur exerçait alors une pression sur ce liquide et le chassait par le tuyau A en traversant la soupape *a*, qui s'ouvrait de bas en haut jusqu'à ce que l'eau contenue dans ce vase ait été complètement refoulée. On fermait alors le robinet *c*, et, en ouvrant le robinet *e* du réservoir E, le récipient S se trouvant soumis à l'action de l'eau froide, la vapeur s'y condensait rapidement. Le vide était ainsi fait dans le vase S; la pression atmosphérique agissant alors sur le niveau d'eau, dans lequel plongeait le tube D, faisait monter le liquide par la soupape *b* s'ouvrant de bas en haut (en sens inverse de la soupape *a*). Le récipient S se trouvant ainsi rapidement rempli d'eau, on procédait, comme précédemment, en ouvrant le robinet *c*, lequel donnait passage à la vapeur, qui, ainsi que nous l'avons exposé, pressait sur le liquide et le chassait dans le tuyau A. Cette machine exclusivement propre aux épuisements, pouvait, suivant Switzer, élever par minute ; quatre fois le contenu du récipient S , à la hauteur de 55 pieds. Bien qu'elle fût d'une application facile , elle présentait cependant des inconvénients qui devaient la rendre d'un entretien fort dispendieux. Le contact de la vapeur avec un liquide froid , commençait par condenser cette vapeur , et elle ne produisait véritablement son action, qu'au moment où l'eau était suffisamment échauffée, pour que la vapeur pût subir son contact, sans perdre de son élasticité ; aussi n'eut-elle qu'un très médiocre succès, et ne fut-elle que très-peu employée par les propriétaires de mines. D'un autre côté, elle présentait des dangers réels, en ce sens que le développement de la vapeur pouvait s'y faire d'une manière indéfinie et sans autre limite que la résistance même des récipients. Lorsqu'il s'agissait d'élever l'eau à de grandes hauteurs , il se produisait de la vapeur dont la pression atteignait huit à dix atmosphères , et alors , suivant un témoin oculaire , *la chaleur était si grande qu'elle fondait la soudure, et sa force telle , qu'elle ouvrait la machine dans différentes jointures.* Par suite de ces dangers, la pompe à feu de Savery ne reçut que de très rares applications.

Cette machine devait bientôt recevoir d'importantes améliorations, par les soins de deux ouvriers habiles, Thomas Newcomen et le vitrier Jean Cawley. Une machine de Savery ayant été établie dans le voisinage de Darmouth , où demeuraient ces deux artisans , ceux-ci furent frappés des résultats nouveaux que l'on obtenait; ils s'adressèrent à un savant, Robert Hoocke, avec lequel ils étaient en relations, et lui proposèrent leurs idées sur les avantages que l'on pourrait tirer de cette machine. Celui-ci fit connaître l'invention de Papin et le mécanisme de sa machine atmosphérique. Il leur écrivit : « Si Papin pouvait faire *le vide subitement* dans son cylindre, votre affaire serait faite. » Éclairés par cette révélation , ils se mirent à l'œuvre et bientôt sortit de leurs mains la première machine à vapeur atmosphérique.

La vapeur d'une chaudière était par eux dirigée dans un corps de pompe, et, lorsque le piston, par l'effet de cette vapeur, était parvenu au sommet de sa course, une aspersion d'eau froide sur la partie extérieure du cylindre, condensait immédiatement la vapeur et la pression atmosphérique le faisait redescendre.

Tout glorieux de leur invention, ils voulurent immédiatement s'en assurer le monopole; ils sollicitèrent un brevet du gouvernement anglais; mais un long temps s'écoula avant qu'il fût fait droit à leur demande.

Ces retards firent que Savery eut connaissance de leur prétention, et il s'opposa alors énergiquement à ce que le privilége leur en fût accordé. Pour éviter un procès, les parties se rapprochèrent, et, en 1705, par le crédit du capitaine Savery, *une patente royale* fut concédée aux trois inventeurs Newcomen, Cawley et Savery.

Les résultats de cette association ne paraissent pas avoir été bien avantageux; le concours de Savery leur fit bientôt défaut, et Newcomen et Cawley se trouvèrent réduits à leurs propres forces.

En **1711**, ils proposèrent à un grand propriétaire de houilles, du comté de Warwick, de remplacer par une machine à vapeur le service des chevaux, employés jusque là pour l'épuisement des eaux. Ils promettaient des économies considérables : malheureusement pour eux, leur demande fut repoussée. Cependant quelques mois après, dans le comté de Birmingham, ils passèrent un marché pour la construction d'une semblable machine. Lorsqu'elle fut installée, fonctionnant avec cette lenteur due au mode de condensation employé, le hasard vint tout-à-coup leur révéler une de ces améliorations capitales qui décident de l'avenir d'une invention. Le piston de la machine marchant un jour comme à l'ordinaire, on le vit tout-à-coup précipiter ses mouvements et fonctionner avec rapidité. On rechercha aussitôt les causes de ce phénomène ; après de longues investigations, on découvrit qu'il était dû à l'infiltration de l'eau froide le long de la tige du piston. La construction des machines, laissant beaucoup à désirer, on avait tenté pour empêcher la fuite de vapeur, de fermer hermétiquement au moyen de l'eau, l'orifice extérieur du piston. Or, l'adhérence n'étant point parfaite, l'eau s'était graduellement et goutte à goutte répandue dans le corps du cylindre et par sa présence, elle condensait plus rapidement la vapeur. C'était à cette cause que le piston devait son accélération inusitée.

Maintenant que nous avons un aperçu des différentes parties de la machine atmosphérique, nous allons en examiner la marche d'une manière particulière (*fig.* 3).

Lorsque la machine est en repos, le poids de la tige D entraîne le levier A et le piston P en haut du cylindre E, où il s'arrête. Supposons maintenant que tous les robinets et les soupapes soient fermés, et que la chaudière soit remplie à la hauteur convenable. Si l'on vient à allumer du feu dessous, l'eau entrera en ébullition, et la tension de la vapeur formée sera bientôt suffisante pour soulever la soupape V. Quand cela arrive, la machine peut être mise en mouvement ; on ouvre le robinet régulateur R ; la vapeur s'en échappe, et est d'abord condensée par le cylindre, qui est froid. Au bout de quelques instants, le cylindre se trouve avoir la température de la vapeur, qui, dès lors ne se condense plus, mais se mêle à l'air qui remplit ce cylindre.

La vapeur et l'air échauffés, ayant une force plus grande que la pression atmosphérique, ouvriront une soupape placée à l'extrémité X d'un petit tube, qui se trouve au fond du cylindre et s'ouvre de dedans en dehors. La vapeur et l'air continueront à s'échapper par cette soupape appelée *soupape soufflante* ou *reniflante* jusqu'à ce que tout l'air ait été chassé, et que le cylindre ne soit plus rempli que par la seule vapeur d'eau. C'est ce que l'on appelle préparer l'appareil.

Lorsqu'il est ainsi prêt à agir, l'homme qui y est préposé, ferme le régulateur R et intercepte l'arrivée de la vapeur ; au même moment, il ouvre la soupape de condensation H appelée aussi soupape d'injection, et un jet d'eau froide est lancé dans le cylindre, la vapeur qui l'emplit est immédiatement condensée, et le vide est formé. (L'air ne peut rentrer par la soupape reniflante, puisqu'elle s'ouvre de dedans en dehors, et par conséquent ne peut s'opposer à ce que l'on fasse le vide.) Maintenant, la pression atmosphérique peut librement agir sur le piston, et le forcer à descendre dans le cylindre ; après quoi le mécanicien ferme la soupape de condensation H et ouvre le régulateur R. Il arrête alors le jet d'eau froide et fait arriver la vapeur de la chaudière dans le cylindre.

Le premier effet de la vapeur est de chasser l'eau de condensation et la vapeur condensée (qui s'étaient rassemblés au fond du cylindre,) à travers le conduit Y, que ferme une soupape qui s'ouvre de dedans en dehors, et appelée *soupape d'écoulement.* Ce conduit s'ouvre dans le réservoir L où vient se rendre cette eau de condensation.

Du moment que la vapeur introduite par R, cesse de se condenser, elle balance la pression atmosphérique qui agit sur le piston, et permet au poids de la tige D de l'entraîner jusqu'au sommet du cylindre. Cette ascension du piston est d'ailleurs aidée par la tension de la vapeur qui est toujours plus considérable que la pression de l'air.

Lorsque le piston est arrivé au sommet du cylindre, on referme la soupape régulatrice R et l'on ouvre la soupape de condensation H, le piston descend, et ainsi de suite.

Tout le travail nécessaire au mouvement de cette machine, consistait donc à ouvrir et fermer alternativement deux soupapes, (la soupape de condensation et la soupape régulatrice.) Lorsque le piston avait atteint le haut du cylindre, on devait fermer la première et ouvrir la seconde ; et, en sens inverse, lorsqu'il était arrivé au bas, on devait ouvrir la première et fermer la seconde.

Comme il était impossible que l'homme le plus assidu eût l'attention sans cesse occupée à fermer et à ouvrir ces soupapes, la marche de la machine était très-irrégulière, et par suite il y avait perte considérable de combustible. Un enfant nommé Humphry Potter trouva le moyen de faire mouvoir les soupapes par la machine elle-même. Quoique cette découverte ne soit due qu'au désir qu'il avait d'aller jouer, elle n'en est pas moins d'un immense avantage pour le perfectionnement des machines à vapeur: car non-seulement on lui doit de n'avoir plus à craindre l'irrégularité provenant de la négligence des mécaniciens, mais de plus la vitesse de la machine s'est trouvée doublée.

Potter avait attaché aux bras de leviers qui meuvent les soupapes, des cordes qu'il avait ensuite conduites au levier moteur, auquel il les avait fixées, de telle façon, qu'en montant et descendant, le levier tendait les cordes qui ouvraient et fermaient ainsi, avec la plus grande régularité, les soupapes qu'il fallait ouvrir ou fermer. Cette découverte fut plus tard considérablement perfectionnée par un ingénieur nommé Beighton ; il fixa au levier moteur une tringle droite armée de clavettes qui, dans les mouvements d'élévation et d'abaissement du levier, touchaient les bras attachés aux soupapes et les ouvraient et fermaient exactement, au moment convenable. La machine portée à ce degré de perfectionnement ne demande d'autre attention que celle d'alimenter de temps en temps la chaudière au moyen du robinet T, avec l'eau du réservoir L, et de veiller au fourneau.

Arrivée à cette perfection, cette machine, désormais connue sous le nom de *machine de Newcomen*, fit promptement son chemin. Son emploi se répandit rapidement et elle fut généralement appelée à remplacer le service des chevaux, dans presque toutes les exploitations de mines. Elle relégua dans le passé l'ancienne pompe de Savery, et, de nos jours encore, on la voit fonctionner avec succès dans quelques établissements.

Telle est cette machine qui par les merveilleux résultats de ses savantes combinaisons, a fait dans le monde des faits et des idées une si complète révolution. Dès ce jour, la machine atmosphé rique est acquise à l'industrie, et marchant rapidement dans la voie du progrès, nous verrons bientôt la science et le génie perfectionner encore ces premiers essais.

CHAPITRE VII.

James Watt. — Découverte du condenseur isolé. — Machine à simple effet. — James Watt et le docteur Rœbuck. — Société entre Watt et Boulton. — Machine à double effet. — Régulateur à force centrifuge. — Découverte de la détente de la vapeur.

Vers le milieu du siècle dernier, vivait à Glascow Joseph Black, professeur à l'université de cette ville, physicien distingué. Il s'était livré à de nombreuses recherches sur les phénomènes de la chaleur, et avait démontré par des observations nombreuses, la théorie du *calorique latent et celle du calorique spécifique.*

Parmi les personnes qui, vers 1763, suivaient les cours du célèbre professeur, se trouvait un jeune mécanicien, à qui une protection toute particulière avait permis de fréquenter les cours de l'Université. Issu d'une honorable famille, des revers de for tune l'avaient obligé de bonne heure à choisir une carrière d'artisan. Né à Gréenock, en 1736, James Watt, à l'âge de seize ans, travaillait chez un fabricant d'instruments de précision; envoyé à Londres dans un atelier de construction d'instruments servant à la navigation, son état de santé l'obligea bientôt à quitter cet établissement. Il revint en Ecosse, désireux de s'établir et de se créer une position, mais des obstacles inattendus l'arrêtèrent, dès le début. La corporation des arts et métiers de Glascow lui interdit l'ouverture d'une boutique, et, au moment où, désespéré, il se disposait encore une fois à quitter sa patrie, l'Université consentit à lui donner asile à la charge par lui d'entretenir les instruments de physique.

Les qualités intellectuelles de Watt, la vivacité de son imagination, et son aptitude exceptionnelle pour tout ce qu'il entreprenait, lui concilièrent bientôt de nombreux amis. Sa boutique était le rendez-vous de tout ce que l'université comptait d'hommes studieux et d'élèves désireux de s'instruire. Le portrait que nous en a laissé un de ses contemporains trouve ici naturellement sa place.

« Quoique élève encore, dit le docteur Robinson, j'avais la vanité de me croire assez avancé dans mes études favorites de mécanique et de physique, lorsqu'on me présenta à Watt. Aussi, je l'avoue, je ne fus pas médiocrement mortifié en voyant à quel point le jeune ouvrier m'était supérieur. Dès que, dans l'Université, une difficulté nous arrêtait, et cela, quelle qu'en fût la nature, nous courions chez notre artiste. Une fois provoqué, chaque sujet devenait pour lui un texte d'études sérieuses et de découvertes. Jamais il ne lâchait prise qu'après avoir entièrement éclairci la question proposée, soit qu'il la réduisît à rien, soit qu'il en tirât quelque résultat net et substantiel. Un jour, la solution désirée sembla exiger la lecture de l'ouvrage de Leupold sur les machines ; Watt apprit aussitôt l'allemand. Dans une autre circonstance, et pour un motif semblable, il se rendit maître de la langue italienne…. La simplicité naïve du jeune ingénieur lui conciliait sur-le-champ la bienveillance de tous ceux qui l'approchaient. Quoique j'aie assez vécu dans le monde, je suis obligé de déclarer qu'il me serait impossible de citer un second exemple d'un attachement aussi sincère et aussi général, accordé à quelque personne d'une supériorité incontestée. Il est vrai que cette supériorité était voilée par la plus aimable candeur, et qu'elle s'alliait à la ferme volonté de reconnaître libéralement le mérite de chacun. Watt se plaisait même à doter l'esprit inventif de ses amis, de choses qui n'étaient souvent que ses propres idées présentées sous une autre forme (1). »

____

(1) Arago. *Éloge historique de James Watt*, p. 266.

Dans l'hiver de **1763**, Watt fut employé à la préparation d'un modèle de machine atmosphérique appartenant à la classe de physique de l'Université. Cette circonstance appela de nouveau son attention sur les machines à vapeur.

Il trouva si grande la quantité de vapeur dépensée pour faire mouvoir ce modèle, qu'il en conclut que la portion perdue était au moins égale à celle qui mettait le piston en mouvement. Il reconnut d'abord que la matière du cylindre (cuivre) était trop bon conducteur de la chaleur, et qu'il s'en faisait ainsi une perte considérable. Il fit donc préalablement quelques expériences avec des cylindres en bois. Une expérience plus complète le convainquit que la perte de vapeur était essentiellement liée au principe de la machine atmosphérique. C'est ce que l'on comprendra facilement. Lorsque la vapeur a rempli le cylindre de manière à faire équilibre à la pression atmosphérique sur le piston, le cylindre doit avoir la température de la vapeur. Ensuite, lorsque l'on fait arriver le jet condensateur, la vapeur se condense, passe à l'état liquide, et se rassemble dans le fond du cylindre. Cette eau chaude, n'étant plus soumise à la pression atmosphérique, bout à des températures très-basses et produit une vapeur qui résiste à la descente du piston. La haute température du cylindre lui-même favorise cette production de vapeur; de sorte que, pour produire un vide à peu près parfait, on a trouvé nécessaire d'y faire arriver une quantité d'eau suffisante pour abaisser la température de l'eau du cylindre au-dessous de 38°, et, par conséquent, pour amener le cylindre lui-même à cette température.

Dans cet état, la descente du piston n'éprouve que peu de résistance de la petite quantité de vapeur contenue dans le cylindre, mais, lorsque le piston remonte, il s'ensuit une perte énorme de vapeur, car, arrivant en dessous du cylindre, elle est immédiatement condensée par ce cylindre refroidi et par l'eau de condensation, jusqu'à ce que le cylindre soit de nouveau porté à la température de 100°, point auquel il doit arriver, avant que l'ascension du piston soit complète.

Il y a donc là une cause évidente et puissante de déperdition de chaleur. Ainsi, à chaque descente du piston, la température du cylindre doit être abaissée au-dessous de 38°, et à chaque ascension, être élevée à 100°. Il était donc permis de douter si la force que l'on obtenait, en faisant un vide parfait, compensait la perte de combustible nécessaire pour produire ce vide, et, tout bien pesé, on trouva plus avantageux de ne pas tant abaisser la température du cylindre, et, conséquemment, d'avoir un vide moins parfait et une puissance moins énergique.

Watt s'arrêta donc à ce dilemme : il faut employer beaucoup ou peu d'eau de condensation. Car, si la condensation est complète, le vide sera parfait, mais alors il faudra refroidir le cylindre, ce qui occasionnera une perte de combustible pour le réchauffer ensuite. Si elle est incomplète, il restera de la vapeur qui résistera à la descente du piston et fera équilibre à la pression atmosphérique. Pour lui, donc, le grand problème se réduisit *à condenser la vapeur sans refroidir le cylindre.*

Vu la petite quantité d'eau qui, à l'état de vapeur, remplissait le cylindre, et la quantité considérable d'eau injectée qu'elle réchauffait, Watt fut conduit à rechercher le rapport du volume de l'eau à l'état liquide avec son volume à l'état de vapeur, et aussi le rapport de sa chaleur spécifique sous ces deux états. Il trouva par expérience qu'un pouce cube d'eau donne environ un pied cube de vapeur, et que le pied cube de vapeur contient autant de vapeur qu'il en faudrait pour élever un pouce cube d'eau à 550 degrés à peu près. Cela le surprit, puisque le thermomètre indiquait constamment la température de 100° et pour la vapeur et pour l'eau dont elle provenait. Que devenait toute la chaleur additionnelle contenue dans la vapeur et que n'indiquait point le thermomètre ? Watt conclut qu'elle était engagée dans l'eau d'une manière ou d'une autre, pour la maintenir dans son nouvel état de vapeur. Frappé de la singularité de ce fait, il en parla au docteur Black, qui, alors, lui expliqua sa théorie du *calorique latent,* qu'il avait déjà enseignée, mais dont Watt n'avait pas encore entendu parler. « Ainsi, dit Watt, je me suis heurté contre l'un des faits physiques qui confirment cette théorie. »

Watt appliqua désormais toute son attention à la découverte d'un moyen « *de condenser la vapeur sans refroidir le cylindre.* » L'idée lui vint d'avoir un vase séparé dans lequel on entretiendrait un vide constant. Si l'on pouvait établir une communication entre le cylindre et le vase, la vapeur par sa propriété expansive, se précipiterait du cylindre dans le vase, s'y condenserait, tandis que le cylindre serait maintenu à 100°.

Il y avait à détruire un autre inconvénient. Lorsque le piston descendait, l'air, qui alors remplissait le cylindre, devait abaisser sa température, de sorte que, quand le piston remontait, une petite quantité de la vapeur arrivante se condensait et occasionnait des pertes. Pour écarter cette difficulté, Watt proposa de fermer l'extrémité du cylindre avec un couvercle qui ne donnât passage ni à l'air ni à la vapeur, mais qui permît à la tige du piston de glisser dans une ouverture garnie d'étoupes, et nommée *boîte à étoupes, et d'employer la force élastique de la vapeur au lieu de celle de l'atmosphère pour faire descendre le piston*.

Ce fut le troisième pas fait dans cette magnifique invention, pas immense et qui a totalement changé le caractère de la machine. Elle devint dès lors une vraie *machine à vapeur* dans l'acception la plus étendue du mot. En effet, la puissance qui agissait sur le piston était due à la force élastique de la vapeur, et le vide était produit par la condensation de la vapeur, de sorte que la vapeur était employée directement et indirectement comme puissance motrice, tandis que, dans la machine atmosphérique, la tension de la vapeur n'était employée qu'indirectement, puisqu'on ne s'en servait que comme d'un moyen facile pour produire le vide.

Relativement à l'économie de la chaleur, il restait une dernière difficulté à vaincre, c'était celle qui tenait au refroidissement de la surface externe du cylindre par l'atmosphère.

Pour y obvier, Watt proposa de doubler le cylindre avec du bois, substance peu conductrice de la chaleur. Mais, plus tard, il adopta un autre procédé, et renferma le premier cylindre dans un second, laissant toutefois entre eux un espace que l'on entretenait toujours plein de vapeur. De cette manière, le cylindre intérieur était constamment maintenu à la température de la vapeur qui l'entourait. On appela le cylindre extérieur *enveloppe* ou *chemise* (1). Cette invention de Watt avait besoin pour être appliquée de capitaux qui lui avaient manqué jusque là. Il n'avait encore expérimenté que sur une très-petite échelle, et lorsqu'il voulut exécuter en grand ce qu'il avait conçu, il se trouva brusquement arrêté. Parmi les personnes qui fréquentaient ordinairement la maison de Watt se trouvait Adam Smith, l'auteur de la *Richesse des Nations*, Robert Simson, et quelques autres que l'amour de la science conviait à ces réunions. C'est dans cette société choisie qu'il rencontra le docteur Rœbuck, célèbre industriel anglais, fondateur de l'usine de Carron. Watt lui confia son secret, il lui raconta ses études, ses expériences, les résultats nouveaux qu'il avait obtenus. Rœbuck accueillit avec empressement l'illustre mécanicien, et mit à sa disposition toute sa fortune. On convint que Rœbuck exécuterait en grand une première machine, et qu'il lui serait alloué les deux tiers du bénéfice. Une pompe à feu fut construite à Kinneil, aux environs de Borrowstones, pour y servir à l'épuisement des eaux. Aussitôt que Watt eut terminé ce travail, et que la machine eut convenablement fonctionné, il songea à s'approprier le monopole de sa découverte, et, en 1769, un brevet d'invention lui fut accordé.

Malheureusement, l'avenir brillant qu'il avait entrevu lui échappa bientôt ; Rœbuck fut obligé de suspendre ses opérations. Sans perdre courage, Watt se remit à l'œuvre ; de méca-

---

(1) Bibliothèque des sciences et des arts. *Traité sur les machines à vapeur*, Paris, Réné, 1841, p. 133, t. 1.

nicien qu'il était, il devint ingénieur ; il dressa les plans d'un canal, et construisit les ponts d'Hamilton et de Rutherglen. Il préparait en outre des projets, qui tous témoignaient de la grandeur de son idée et de ses aptitudes brillantes, lorsqu'il fut atteint d'un coup terrible ; il eut le malheur de perdre sa douce compagne. Dès lors, il s'abandonna tout entier à sa douleur, et se refusa à toute espèce d'affaires. On pouvait craindre que ce puissant génie ne fût désormais perdu pour son pays ; heureusement que la tendre sollicitude de ses amis parvint à amortir la violence de ses regrets, et qu'il demanda à la science et à l'étude des consolations nouvelles.

A cette époque (1774) il y avait à Birmingham un riche industriel nommé Mathieu Boulton. Il avait créé à Soho un des établissements les plus importants de la Grande-Bretagne ; sa fortune était immense, et son goût fortement prononcé pour les inventions nouvelles, semblait devoir le rapprocher de Watt. Ces deux hommes se rencontrèrent, et bientôt ils se mirent à l'œuvre. Boulton, vif et ardent, répandu dans le monde, était entre tous l'homme qui convenait à Watt. Une société fut formée, et avant de songer à répandre les inventions de ce dernier, Boulton voulut agir sur ses concitoyens par l'empire de la conviction. Il établit dans son usine de Soho, la machine de Watt sur des dimensions considérables, et lorsqu'elle fut terminée, lorsque ce magnifique appareil fonctionna avec toute la régularité désirable, alors seulement il convia les industriels, les manufacturiers anglais à venir admirer la merveilleuse invention de son associé. Un des résultats qui frappa le plus vivement tous les esprits, ce fut l'énorme économie réalisée par les procédés de Watt. Elle était des trois-quarts du combustible employé dans la machine de Neuwcomen. Celle-ci, dès lors, fut complétement abandonnée, et Boulton, qui avait en même temps fondé un grand atelier de construction, se vit assailli de demandes. — La singularité du mode de paiement qu'il avait imposé, ne contribua pas peu, du reste, à ses premiers succès. Il ne vendait point ses machines, il les donnait à qui voulait les prendre, se réservant le tiers des économies qu'elles réalisaient. Cette combinaison ingénieuse, qui ne pouvait se soutenir qu'avec des capitaux immenses, donna aux associés des résultats qui dépassèrent même leurs espérances. Dans les mines de Chacewater, par exemple, ils touchaient annuellement une somme qui ne s'élevait pas à moins de soixante mille francs.

Les propriétaires des mines songèrent cependant à éluder d'aussi lourdes charges. La résistance fut organisée, et des procès nombreux vinrent bientôt troubler la sécurité de la société. On fouilla dans les archives du passé, on alla chercher dans des livres inconnus des arguments contre la merveilleuse découverte de Watt, et bientôt, Boulton et lui, se virent sérieusement menacés par cette coalition d'une nouvelle espèce. Triste sort réservé aux inventeurs ! A peine ont-ils enrichi le public du fruit de leurs travaux qu'il s'élève de toutes parts d'envieux détracteurs ! On accepte les avantages, mais on refuse le tribut. Boulton et Watt tinrent tête à l'orage et une foule d'instances en contrefaçon vinrent prouver à tous que la lutte serait longue et difficile. Pendant près de dix années, le soin de sa propre défense obligea Watt à délaisser ses études favorites et les douceurs d'une aisance péniblement acquise. Ce ne fut qu'en 1799, alors que son brevet allait expirer, que par un arrêt définitif de la cour du banc du roi, Watt fut reconnu légitime propriétaire de son invention.

Nous avons déjà étudié la *machine à simple effet*, dans laquelle l'action de la vapeur ne s'exerçait que pour soulever le piston ; (l'introduction de la vapeur par le côté opposé rétablissant l'équilibre) ; le piston s'abaissait alors au moyen d'un contre-poids. Les mouvements en étaient nécessairement très-lents, mais ils suffisaient pour l'épuisement des eaux. Cependant, le génie de Watt lui signala bientôt une amélioration capitale qui devait doubler les effets de son invention, et en faire un moteur universel. Il songea qu'il était possible de remplacer le contre-poids par une force agissant dans le même sens ; or, la vapeur qui avait soulevé le piston pouvait bien le faire redescendre. C'est là l'idée mère de la *machine à double effet* dont l'usage s'est perpétué jusqu'à nos jours. La première difficulté était d'imprimer au balancier un mouvement ascendant et descendant ; d'abord la tige du piston était garnie à son extrémité supérieure d'un engrenage qui s'articulait avec une roue ; ce système présentait de tels inconvénients que Watt y renonça bientôt. Après de nombreux essais, il découvrit l'ingénieux système dont l'usage s'est maintenu jusqu'à nos jours, et auquel on a donné le nom de *parallélogramme articulé*.

Les bornes de cette notice ne nous permettent point d'entrer dans la description mécanique de chacune des modifications apportées par Watt à sa première machine ; il nous suffira de les énoncer sommairement, de manière que le lecteur qui a vu fonctionner une machine à vapeur, puisse facilement par la simple inspection de ses rouages, déterminer la part qui revient à Watt dans son agencement merveilleux.

Une fois le balancier en mouvement, il fallait combiner son action avec celui d'une roue qui pût transmettre le mouvement. Divers systèmes avaient déjà été tentés, lorsque Watt eut l'idée d'utiliser une combinaison, bien simple et universellement connue. Il avait observé un remouleur à l'œuvre, et en le voyant faire tourner sa meule, par une pression uniforme du pied, il avait compris que le mouvement de va et vient de la manivelle pouvait facilement produire un résultat semblable ; cette application est demeurée jusqu'à nos jours le meilleur mode de transmission connu.

Impatient de perfectionner son appareil, Watt songea à apporter dans ses fonctions et dans son jeu, une régularité parfaite. Le jet de vapeur arrivant d'une manière inégale provoquait des coups de piston trop rapides ou trop lents. Il fallait donc pouvoir combiner l'émission de la vapeur, de telle façon, que la machine fût appelée à régler elle-même sa marche. Watt résolut

ce curieux problème par l'invention du *régulateur à force cen-*
trifuge.

Une des plus brillantes découvertes de Watt et en même
temps une des dernières, ce fut celle de la *détente de la vapeur*
L'honnèur lui en revient tout entier, et au point de vue
l'économie, il a résolu un problème des plus intéressants. Ce
fut en **1782** que Watt appliqua pour la première fois ce procédé
nouveau. Quelques mots à ce sujet :

Si le robinet qui sert à introduire la vapeur dans le cylindre
reste ouvert pendant tout le temps de la course du piston, celui-
ci frappera avec force la paroi supérieure du cylindre. Si au
contraire, lorsque le piston a parcouru la moitié de son trajet,
on ferme le robinet de vapeur, le piston continuera sa marche
par l'effet de la détente de la vapeur. Or, avec une quantité de
vapeur moindre, obtenant ainsi un résultat égal, on réalise
évidemment une économie de moitié, et, suivant Arago, cette
découverte est tellement importante que, *de très-bons juges*
placent la détente, quant à la dépense économique, sur la ligne
du condenseur.

C'était à l'établissement de Soho, devenu, pour ainsi dire,
une école des arts et métiers, que Watt faisait construire ces
machines. La France et l'Espagne y envoyèrent successivement
des ingénieurs pour les étudier, en enrichir le pays et en doter
l'industrie. C'est à la suite de plusieurs voyages que l'aîné des
frères Perrier fit construire, sur les rives de la Seine, l'appareil
connu sous le nom de *pompe à feu de Chaillot.*

En **1800**, le terme de la société Watt et Boulton étant survenu, ils se retirèrent tous deux, et furent remplacés par leurs
fils, qui continuèrent cet admirable établissement qui subsiste
encore de nos jours.

James Watt choisit pour lieu de sa retraite, une terre voisine
de Soho, nommée Heathfield, qu'il avait acquise en **1790**. C'est
là qu'il passa les derniers jours de sa vie, entouré de l'estime et
de la vénération de tous ses concitoyens. « Sa santé, raconte

Arago, dans son éloge historique de Watt, sa santé s'était fortifiée avec l'âge et ses facultés intellectuelles conservèrent toute leur puissance jusqu'au dernier moment. Notre confrère crut une fois qu'elles déclinaient, et fidèle à la pensée qu'exprimait le cachet dont il avait fait choix (un œil entouré du mot *observare*), il se décida à éclaircir ses doutes en s'observant lui-même, et le voilà, plus que septuagénaire, cherchant sur quel genre d'étude il pourrait s'essayer, et se désolant de ne trouver aucun sujet sur lequel son esprit ne fût déjà exercé. Il se rappelle enfin qu'il existe une langue anglo-saxonne, que cette langue est difficile ; l'anglo-saxon devient le moyen expérimental désiré, et la facilité qu'il trouve à s'en rendre maître lui montre le peu de fondement de ses appréhensions. »

Le 25 avril 1819, le noble vieillard, après avoir conservé jusqu'à ses derniers instants toute son intelligence et sa présence d'esprit, rendit son âme à Dieu. Il fut enterré dans l'église paroissiale de Heathfield, où une chapelle gothique lui fut érigée par les soins pieux de son fils.

Des honneurs extraordinaires furent rendus à sa mémoire ; la ville de Glascow lui dressa une statue gigantesque en bronze. A Greenock, sa ville natale, ses compatriotes placèrent dans la bibliothèque de la ville sa statue en marbre. Enfin, le pays tout entier rendit un hommage plus éclatant encore à ce sublime génie. Dans la cité des tombeaux, là où tous les grands hommes de l'Angleterre reposent, à Westminster, une admirable statue de marbre blanc, sortie du ciseau de Chantrey, lui fut élevée. Calme et pensif, il apparaît aux yeux de la postérité, méditant les grandes découvertes qui ont illustré son nom !

DEUXIÈME PARTIE

LÉGISLATION DES ÉTABLISSEMENTS DANGEREUX, INSALUBRES OU INCOMMODES.

Historique.

Le droit de propriété a été défini par les jurisconsultes, le droit d'user et d'abuser, *jus uti et abuti*, mais l'abus de jouissance est dominé par cette règle ; qui résume toute la doctrine, *pourvu qu'on ne nuise pas à autrui.* Le dommage causé peut intéresser l'ordre public ou les particuliers ; de là des règlements pour sauvegarder les intérêts généraux de la société et ceux des citoyens. L'industrie, qui donne satisfaction à tous les besoins de l'homme, a été de tout temps l'objet de mesures préventives ou répressives. Dans les villes, les nécessités d'une bonne police ont impérieusement prescrit de soumettre à des règlements particuliers tout ce qui se rattache à la sûreté comme à la santé des habitants, et c'est à ces sages mesures que sont dus le développement et la prospérité des grandes cités.

CHAPITRE I.

Législation romaine sur les établissements dangereux, insalubres ou incommodes.

A Rome, soit qu'il s'agisse de protéger la salubrité contre les émanations dangereuses, soit qu'il s'agisse de construire ou réparer des dépôts d'immondices ou de fosses d'aisances, *les interdits du préteur* assujettissaient les propriétaires à des précautions exceptionnelles.

La loi 5 *(Ulpianus lib. 52 ad edict.)* s'exprime ainsi : § 11, *Si quis rivos vel cloacas velit reficere vel purgare, operis novi nunciatio, merito prohibetur ; cûm publicæ salutis et securitatis intersit et cloacas et rivos purgari.*

Le titre 23, *De cloacis (lib. 24, Dig.)* développe les principes posés dans la loi qui précède. Cæpola *(Tractatus de servit. urb. præd. cap. 28, § 2.)* écrit en effet : *Prætor introduxit duo interdicta; unum de cloacis purgandis et reficiendis et istud est prohibitorium, quia nemo debet prohiberi reficere et purgare cloacam. Aliud est restitutorium, quia nemo debet aliquid in cloacis mittere propter quod deterior fiat, et est ratio quia hæc interdicta pertinent ad salubritatem et tutelam civitatis; nàm et cœlum pestilens, et ruinas minantur immunditiæ cloacarum.*

Cœpola ajoute *(cap. 43, De ære, § 2. Tract. servit. præd., rustic.)* Idem, *(Tenebitur interdicto ne quid in loc publ.) si corrumpat aerem apponendo stercus vel aperiendo cloacum.* La loi 2 *(dig. lib. 43, tit. 23. de Cloacis.)* porte en outre : *Quanquàm de reficiendâ cloacâ, non etiam de novâ faciendâ, hoc interdicto comprehendatur, tamen æquè interdicendnm, labeo ait, ne facienti cloacam vis fiat quia eadem utilitas sit.*

La loi romaine atteignait également les établissements qui répandaient au loin des odeurs fétides et nauséabondes ; on cite encore souvent le passage suivant, relatif à la fabrique de fromages de Minturnes : Loi 8, § 5, lib. 8, tit. 5. *Si serv. vindic. dig.; Ulpianus, lib. 17, ad edictum.*

Aristo, Cerellio Vitali respondit, non putare se, ex tabernâ cascariâ fumum in superiora ædificia jure immitti posse, nisi ei rei servitutem talem admittit.

Idemque ait, et ex superiore in inferiora non aquam, non quid aliud immitti licet ; in suo enim alii hactenus facere licet, quatenus nihil in alienum immittat.

Fumi autem, sicut aquæ, esse immissionem posse : igitur su-
periorem cum inferiore agere, jus illi non esse id ita facere.

La fumée insalubre ou incommode donnait lieu à une action
en justice contre l'auteur du dommage.

Cæpola, de servit, præd. rustic, cap. 44, de igne, § 4, dit
aussi : *Quod ex isto igne generantur fumi, potest dubitari an*
habens domum inferiorem, possit facere tàm grandem fumum, ut
superiori noceat ?.......... et quid si esset fumus qui malum
odorem redderet et vicino noceret ? prohiberi potest, ne talem
fumum mitteret (argum. eorum quæ dixi supra in titulo præce-
dente).

Au chap. 53, *de fumo (Tractat. de servit. urban. prædior.)* il
dit : § 1ᵉʳ.......... *Aut facit ignem solitum et consuetum pro usu*
suo, et familiæ et potest.......... aut facit ignem insolitum, putà,
nimis grandem, et tunc non potest (1).

Certaines professions étaient plus particulièrement l'objet de
mesures préventives, et nous retrouvons à chaque pas des traces
de la sollicitude du législateur pour sauvegarder les intérêts
généraux et particuliers.

Fournel (Traité du voisinage, t. II, p. 252.) cite le passage
suivant : *Privato licitum non est in domo suâ artem exercere per*
quam vicini malo odore, vel fœtore circumveniantur.

Roccus (Répons. leg. de Mer. cent. 2, resp. 89, Nᵒˢ 15 et 18.)
s'exprime dans des termes à peu près identiques. Il ajoute :
.... *et exercentes artes fœtidas quarum odor infestat nares*
transeuntium possunt expelli.........

Imô, quôd sit destinandus certus locus in civitate ubi dictæ
artes exerceri possint, multis auctoritatibus probatur (2).

---

(1) Avisse. *Industries dangereuses, insalubres ou incommodes,* t. 1
p. 8

(2) Masse. *Droit commercial dans ses rapports avec le droit des gens,*
Nᵒ 382.

Ainsi donc les industries insalubres pouvaient non-seulement donner lieu à des dommages-intérêts vis-à-vis des voisins, mais encore elles pouvaient être déplacées, c'est-à-dire éloignées des habitations.

Dans d'autres cas, les heures auxquelles il devait être procédé à certaines opérations sont indiquées. Ce sera plutôt la nuit que le jour.

Cæpola (Servit. urb. prædior, cap. 48, de cloacá, § 3.)....... et per prædicta teneo, dit-il, *quod non sit licitum privato, aperire de die cloacam, vel necessarium, aut similia propter fœtorem, sed nocte tantùm modò, nisi subiit necessitas et non aliàs.*

Les corroyeurs ne devaient point préparer leurs peaux et se livrer aux diverses manipulations de leur profession dans l'intérieur de la ville. Cæpola raconte........ *Et proptera aliàs judicavi in civitate Verenæ, quód unus pelliparius non posset facere mollitium in domo suá, ob maximum fœtorem qui exhalabat ab eá et nocebat vicinis........ idem dic. de similibus artibus fœtentibus. (Cæpola de Ære, § 1.)*

Le même jurisconsulte va encore plus loin; il décide que le bruit des marteaux était de nature à faire interdire l'exploitation d'une forge, s'il devait par son intensité, troubler les méditations d'un savant ou le repos d'un malade.

Numquid autem, (de Ære, § 3,) fabri possunt malleare in domo suá, ita ut sono mallei disturbent mentem doctoris vicini... et quid si esset vicinus infirmus.

CHAPITRE II.

Législation des établissements dangereux, insalubres ou incommodes depuis la féodalité jusqu'en 1789.

Dans notre ancienne législation, on ne rencontre aucune règle générale applicable à toutes les industries de même nature. La

France était alors régie par le droit écrit et le droit coutumier. Aux provinces méridionales, la législation romaine; aux provinces du nord, les coutumes. Indépendamment de ces deux grandes divisions dans notre droit français, chaque ville avait sa coutume particulière, ses usages locaux, qui tous étaient réputés lois. Puis, venaient les édits, ordonnances, règlements et arrêts soit généraux, soit d'intérêt local.

En consultant ces anciens règlements, nous constatons que de tout temps, certaines précautions étaient édictées contre les établissements de nature à nuire à la salubrité publique et à la sûreté des habitants. Une ordonnance du prévôt de Paris, de 1486, renouvelée par un arrêt du Parlement du 4 septembre 1497, et rendue à la suite d'une enquête faite auprès des voisins et sur l'avis des médecins : *Vu le plaidoyer des parties, les lettres, rapports des médecins et chirurgiens*, défendit aux potiers de terre de s'établir dans le centre de la ville, *attendu que la fumée qui sortait de ces établissements était préjudiciable à la santé du corps humain, et que de ce pouvait survenir plusieurs mauvaises maladies et accidents.*

La coutume de Berry proscrivait dans l'intérieur des villes l'industrie des *nourrisseurs d'animaux* et prohibait les *dépôts d'immondices sur la voie publique.*

L'article 18, titre 11 de cette coutume, porte : *Pour la santé, honneste et bonne disposition de la ville de Bourges, d'Issoudun et autres villes royales du duché et pays de Berry, par l'ancienne coutume du pays, on ne peut nourrir au-dedans des murs d'icelles, pourceaux, truyes, boucs, chèvres, brebis, moutons et autres semblables bêtes, sur peine d'amende arbitraire; si ce n'est quant aux chèvres, en cas de nécessité, pour maladie ou nourriture de petits enfants.*

L'article 19 ajoute : *En ladite ville de Bourges, Issoudun et autres villes royales du pays et duché de Berry, l'on ne peut tenir hors lesdites maisons, ès rues publiques desdites villes, aucuns fumiers, ordures ou autres immondices et choses infectes, outre vingt-quatre heures.*

La coutume du Nivernais, chap. X, art. 18, applique les mêmes dispositions aux villes de Nevers, Clamecy et Decize.

La coutume des baillage et prévôté d'Estampes (1556) s'exprime ainsi :

Titre 15. Art. 175 : *N'est loisible à personne faisant sa demeure en la ville d'Estampes, tenir bestes à laine, porcs, oyes et cannes, sur peine de confiscation desdites bétes, oyes et cannes, et d'amende arbitraire.*

Art. 176. Peuvent néanmoins les bouchers, pour *la fourniture de ladite ville, tenir en icelle lesdites bétes à laine pour huit jours seulement, et seront tenus iceux bouchers, tuer leurs bétes sur la rivière et non en leurs maisons.*

La coutume de la prévosté et vicomté de Paris (1580) disposait, Titre IX, art. 218. *Nul ne peut mettre vuidanges de fosses de privez, dans ladite ville.*

Enfin la coutume de Metz avait introduit la sage mesure de l'enquête *de commodo et incommodo* avant que le magistrat n'autorisât l'établissement des forges de maréchal :

Nul ne peut, sans permission du magistrat, construire forge de maréchal, dedans ladite ville en lieu où il n'y en a point eu auparavant, les voisins préalablement ouys sur la commodité ou incommodité du lieu où on la veut construire.

Après les coutumes viennent les ordonnances royales, règlements et arrêtés pris pour la bonne administration de la police par les autorités locales.

Un règlement du conseil du roi, du 4 février 1567, remis en vigueur le 21 novembre 1577, ordonna de *transporter les tueries et écorcheries des bétes hors de la ville et près de l'eau, et pareillement les tanneries, les mégisseries, les teintureries, les corroieries, etc.* Ces arrêts furent renouvelés le 28 octobre 1672, et le 24 février 1673. Le dernier relégua ces professions à

Chaillot et dans le faubourg St-Marcel, et ses dispositions furent reproduites par une ordonnance de police du 20 octobre 1702.

Le 10 juin 1701, une ordonnance de police défendit aux *chiffonniers et écorcheurs de chiens, de fondre ni de faire fondre en leurs maisons, aucunes graisses de chevaux, chiens, chats et autres animaux pour quelque cause que ce fût*, et leur enjoignit de faire ces opérations *dans les lieux escartés hors la ville, et à telle distance que la mauvaise odeur n'en pût incommoder les citoyens.*

On peut encore citer, en ce qui concerne les établissements pouvant compromettre la salubrité publique :

Une ordonnance du prévôt de Paris, du 5 avril 1502, qui défend d'élever dans Paris des pigeons, lapins, porcs, oies et cannes.

L'édit de François Ier, de 1539.

Le règlement général du 30 avril 1663 pour le nettoiement de la ville de Paris, qui renouvelle les mêmes défenses.

Une ordonnance de police de 1661, relative aux vidanges qui se pratiquaient dans la commune de la Villette, et qui porte défense d'envoyer les cochons et chiens aux fosses où sont portés les boyaux et immondices, et de nourrir ces animaux de ces matières.

Le magistrat de Lille rendit également diverses ordonnances sur les matières qui se rattachent à la salubrité publique. L'intérêt qu'elles présentent nous engage à les reproduire *in-extenso.*

Ordonnance portant défense de nourrir des cochons dans la ville, du 30 décembre 1719 ;

« Nous Rewart, Mayeur, Eschevins, Conseil et Huit-Hommes de la ville de Lille;

» Par nos ordonnances politiques, et spécialement par celle du 12 décembre 1710, nous avons défendu à toutes personnes de tenir ou nourrir en cette ville, aucuns porcs ou cochons aux peines y portées ; et étant important que cette défense soit exactement observée pour la santé des habitants de cette ville, et pour empêcher la puanteur et les mauvaises exhalaisons que causent les porcs et les cochons, nous avons, conformément à nos ordonnances précédentes, défendu et défendons à tous amidonniers et à tous autres habitants, de quelle qualité et profession ils soient, de nourrir ou tenir en cette ville aucuns porcs ou cochons sous tel prétexte que ce puisse être, à peine de six florins d'amende à chaque contravention, pour chaque porc et cochon qui sera nourri en cette dite ville, applicable la moitié au profit des accusateurs et l'autre moitié à l'officier exploiteur. »

Ordonnance qui fixe les endroits de la ville, dans lesquels il est permis de fabriquer de l'amidon, du 15 juillet 1721 ;

« Nous etc.... Nos prédécesseurs n'ayant permis aux amidonniers de s'établir ailleurs, que dans la rue St-François et vers la sortie des eaux de cette ville, et étant informé que, depuis peu, des particuliers, sans avoir obtenu notre permission, se sont établis ailleurs et dans des endroits non convenables où ils font de l'amidon, jettent les eaux en provenant et les font couler le long des fils d'eaux, nous leur avons interdit par provision de faire amidon chez eux, à raison que les eaux causaient une puanteur et de mauvaises exhalaisons, notamment dans les chaleurs et sécheresses, et étant important d'y remédier, nous avons défendu et défendons, à tous particuliers de faire amidon en cette ville, taille et banlieue, ailleurs que dans les maisons de la rue St-François et dans celles le long du quai de la Basse-Deûle, vers la sortie des eaux de cette ville, à peine de douze florins d'amende, applicable un tiers à l'accusateur, le second à l'officier exploiteur et le dernier comme amende de ban-enfreint.

» Ceux qui voudront faire à l'avenir amidon, seront tenus d'en obtenir notre permission par écrit, sous les mêmes peines. »

Ordonnance qui fait défense de laver des laines dans les canaux de la ville et dans le canal de la Haute-Deûle, du 4 octobre 1721 ;

« Nous, etc… Etant informés que plusieurs particuliers lavent des laines dans les canaux de cette ville et dans l'étendue du canal de la Haute-Deûle, au préjudice des règlements que nous avons ci-devant faits, et qu'il importe que cela se fasse à la sortie des eaux de cette ville et non à l'entrée, nous avons défendu et défendons aux marchands manufacturiers et autres à qui la chose peut toucher, de laver ou faire laver aucune laine telle qu'elle puisse être dans les canaux de cette ville ni dans le canal de la Haute-Deûle et branches en dépendantes, à peine de trente florins d'amende à chaque contravention, applicable un tiers à l'accusateur, le second à l'officier exploiteur et le dernier comme amende de ban-enfraint. »

M. Fournel, auquel nous avons emprunté plusieurs des citations qui précèdent, relève encore :

Une sentence du Châtelet, du 4 novembre 1486, qui ordonne à un particulier de supprimer un atelier de poterie de terre, établi rue de la Savonnerie, à Paris, et lui fait défense de cuire des poteries dans l'intérieur de la ville.

Un arrêt du Parlement de Paris du 29 juillet 1776, qui ordonne la destruction des fourneaux et cheminées établis sur le quai des Morfondus (aujourd'hui le quai de l'Horloge) dont les fumées incommodaient les voisins, et surtout les magistrats qui siégeaient à la Tournelle, (aujourd'hui la chambre des requêtes de la Cour de cassation).

Un arrêt du 5 septembre même année 1776, autorisant *l'exploitation d'une fonderie de suif brut et grossier, dans la ville de La Ferté Bernard.*

Enfin [un autre arrêt du 5 janvier 1782, qui *autorise le sieur Pierson à conserver une fonderie de suifs, tant en pains qu'en branches, dans sa fonderie.*

CHAPITRE III.

De la législation des établissements dangereux, insalubres ou incommodes, depuis 1789 jusqu'à nos jours.

Tel était en résumé l'état de la législation en France, au moment où éclata la révolution de 1789. L'assemblée constituante, au milieu de l'œuvre immense qu'elle avait entreprise, ne put trouver le temps de codifier les documents législatifs épars sur toute la surface du royaume. Après avoir, dans la loi du 24 avril 1790, décidé que les tribunaux seraient compétents pour statuer sur tous les dommages causés à la propriété, elle décréta, le 13 novembre 1791, le maintien provisoire des règlements de police relatifs à la création et à l'interdiction des manufactures dangereuses. Ce maintien des anciens règlements, joint au droit qu'attribuait à l'autorité municipale la loi du 19 juillet 1791, titre Ier, art. 46, de faire des arrêtés sur les objets confiés à sa vigilance, fit que les municipalités prirent des arrêtés, pour fixer les conditions auxquelles serait soumis l'établissement des ateliers ou manufactures dangereux ou incommodes. « Ce système produisit les plus tristes résultats : un arbitraire intolérable, disait, le 27 avril 1827, M. le comte D'Argout, à la chambre des pairs, fut la conséquence de cette mesure. Chaque département, chaque commune avait sa règle ; et la manière d'appliquer cette règle changeait à chaque renouvellement d'administration. — Tantôt on frappait sur la propriété en autorisant des usines très dangereuses, au centre des villes les plus populeuses ; tantôt on frappait sur l'industrie, en prononçant l'interdiction d'usines dont on venait de permettre la création. » Les capitalistes et les propriétaires souffraient également et bientôt les grandes entreprises s'arrêtèrent (Moniteur du 5 mai

1827). **En présence** de ces abus et des plaintes qui s'élevaient de toutes parts, le gouvernement impérial ne pouvait rester indifférent. Il voulut remonter à la source même du mal, en faisant étudier les causes et rechercher les éléments constitutifs d'une bonne loi sur les établissements insalubres et incommodes. A cet effet, M. le Ministre de l'Intérieur chargea, en l'an XIII, la classe des sciences physiques et mathématiques de l'Institut, de lui donner son avis sur les inconvénients ou le danger réel que pouvaient présenter certains établissements industriels et sur les mesures à prendre à leur égard. Un rapport fut fait au ministre le 26 frimaire de la même année. Nous croyons devoir en extraire les passages les plus intéressants :

« Il s'agit de décider, dit le rapporteur, si le voisinage de certaines fabriques peut être nuisible à la santé.

» La solution de ce problème doit paraître d'autant plus importante, que par une suite naturelle de la confiance que méritent les décisions de l'Institut, elle pourra désormais former la base des jugements du magistrat, lorsqu'il s'agira de prononcer entre le sort d'une fabrique et la santé des citoyens.

» Cette solution est d'autant plus urgente, elle est devenue d'autant plus nécessaire que le sort des établissements les plus utiles, je dirai plus, l'existence de plusieurs arts, a dépendu jusqu'ici de simples règlements de police, et que quelques-uns, repoussés loin des approvisionnements, de la main-d'œuvre ou de la consommation, par les préjugés, l'ignorance ou la jalousie, continuent à lutter avec désavantage contre les obstacles sans nombre qu'on oppose à leur développement. C'est ainsi que nous avons vu successivement les fabriques d'acide, de sel ammoniac, de bleu de Prusse, de bière et les préparations de cuirs, reléguées hors l'enceinte des villes, et que chaque jour ces mêmes établissements sont encore dénoncés à l'autorité par des voisins inquiets ou par des concurrents jaloux.

» Tant que le sort de ces fabriques ne sera pas assuré, tant qu'une législation purement arbitraire aura le droit d'interrompre, de suspendre, de gêner le cours d'une fabrication, en un mot, tant qu'un simple magistrat de police tiendra dans ses mains la fortune ou la ruine du manufacturier, comment concevoir qu'il puisse porter l'imprudence jusqu'à se livrer à des entreprises de cette nature? Cet état d'incertitude, cette lutte continuelle entre le fabricant et ses voisins, cette indécision éternelle sur le sort d'un établissement, paralyse, restreint les efforts du manufacturier et éteint peu à peu son courage et ses facultés.

» Il est donc de première nécessité, pour la prospérité des arts, qu'on pose enfin des limites qui ne laissent plus rien à l'arbitraire du magistrat, qui tracent au manufacturier le cercle dans lequel il peut exercer son industrie librement et sûrement, et qui garantissent au propriétaire voisin qu'il n'y a de danger ni pour sa santé, ni pour les produits de son sol...............

» Dans le rapport que nous soumettons à la classe, nous n'avons cru devoir nous occuper que des principales fabriques contre lesquelles de violentes réclamations se sont élevées en divers temps et en divers lieux. Il est aisé de voir, d'après ce qui précède, qu'il en est peu dont le voisinage soit nuisible à la santé.

» D'après cela, nous ne saurions trop inviter les magistrats chargés de la santé et sûreté publiques, à écarter les plaintes mal fondées, qui trop souvent se dirigent contre les établissements, menacent chaque jour la fortune de l'honnête manufacturier, retardent les progrès de l'industrie et compromettent le sort de l'art lui-même.

» Le magistrat doit être en garde contre les démarches d'un voisin inquiet ou jaloux; il doit distinguer avec soin ce qui n'est qu'incommode ou désagréable, d'avec ce qui est nuisible ou dangereux........................

» Nous devons ajouter que, quoique les fabriques dont nous avons déjà parlé et que nous avons considérées comme n'étant pas nuisibles à la santé par leur voisinage, ne doivent pas être déplacées, néanmoins l'administration doit être invitée à exercer sur elles la surveillance la plus active, et à consulter les personnes les plus instruites pour prescrire aux entrepreneurs les mesures les plus propres à empêcher que les odeurs et la fumée ne se répandent dans le voisinage; on peut atteindre ce but, en améliorant les procédés de fabrication, en élevant les murs d'enceinte pour que la vapeur ne soit pas déversée sur les habitations voisines; en perfectionnant la conduite du feu qui peut être telle, que la fumée elle-même soit brûlée dans les foyers ou déposée dans les longs tuyaux des cheminées; en entretenant la plus grande propreté dans les ateliers, de manière qu'aucune matière ne s'y corrompe et que tous les résidus susceptibles de fermentation aillent se perdre dans des puits profonds et ne puissent en aucune manière incommoder les voisins.

» Nous observerons encore que lorsqu'il s'agit de former de nouveaux établissements de bleu de Prusse, de sel ammoniac, de tanneries, d'amidonneries, et généralement de toute fabrication qui nécessairement produit des vapeurs très-incommodes pour les voisins, ou des dangers toujours renaissants par la crainte du feu ou des explosions, il serait à la fois sage, juste et prudent de prononcer en principe que ces établissements ne pourraient être formés dans l'enceinte des villes èt près des habitations, qu'avec une autorisation spéciale, et que, dans le cas où les entrepreneurs ne rempliraient pas cette condition indispensable, la translation de leur établissement pourrait être ordonnée sans indemnité. »

Les conclusions de ce rapport n'étaient point suffisamment nettes et précises pour que le ministre crût devoir les transformer en loi; elles servirent néanmoins de base et de règle pour les diverses autorisations que l'administration fut appelée à accorder. Il fallait cependant que l'état d'incertitude dans lequel se trouvait l'industrie eût un terme, et avant de se prononcer définitivement, le Ministre demanda, en 1809, un nouveau rapport à la même section de l'Institut. Rédigé, par la section de chimie, le rapport fut approuvé par la classe entière des sciences physiques et mathématiques, et adressé au Ministre.

Ce rapport, par son importance, peut servir de commentaire au décret de 1810, aussi croyons-nous devoir en reproduire les principaux passages :

« La commission a arrêté que les fabriques seraient divisées en trois classes, dont la première comprendrait les établissements ou fabriques qui décidément doivent être éloignés des endroits habités ; la seconde, ceux de ces établissements qui, pouvant rester auprès des habitations, avaient cependant besoin d'être surveillés ; enfin la troisième, ceux qui pouvaient être placés partout et dont le voisinage n'offrait aucun inconvénient, soit sous le rapport de la sûreté, soit sous celui de la salubrité.

» En lisant le tableau qui se trouve annexé au présent rapport, on sera bientôt convaincu : 1° que les établissements compris dans la première classe ne doivent pas rester auprès des habitations, puisque les matières que l'on y travaille et les produits qu'on en retire, ou répandent une odeur désagréable qu'il est difficile de supporter et qui nuit à la salubrité, ou sont susceptibles de compromettre la sûreté publique par les accidents auxquels ils pourraient donner lieu. Ainsi, par exemple, les boyauderies, dans lesquelles on rassemble les intestins des animaux pour leur faire subir différentes préparations, qui les amènent à cet état particulier où ils doivent être, pour permettre qu'ensuite on les emploie à divers usages ; les fabriques de colle forte, dans lesquelles on ne se sert que de débris d'animaux, qu'on fait macérer dans l'eau jusqu'à ce qu'ils aient éprouvé une fermentation putride très-avancée, et qu'on croit nécessaire pour obtenir la substance qui forme la colle ; les amidonneries dans lesquelles aussi, les grains, les sons, les recoupes, les griots doivent indispensablement être soumis à la fermentation putride ;

les ateliers d'écarrissage et poudrette, tous ces établissements et beaucoup d'autres de cette espèce, considérés sous le rapport de la salubrité, ne peuvent, ne doivent pas, à cause de la mauvaise odeur qu'ils répandent, être placés auprès des habitations. En vain, essaie-t-on de prouver, par de simples raisonnements, l'innocuité des gaz qui proviennent des fabriques, jamais on ne parviendra à persuader qu'on peut les respirer impunément, et que l'air qui les contient n'est pas aussi insalubre qu'on le croit. Par d'autres raisons non moins essentielles, on a dû placer dans la première classe des fabriques qu'il convient d'éloigner, celles qui peuvent compromettre la sûreté publique; tels sont, entre autres, les ateliers d'artificiers et les poudrières qui, malgré les précautions que prennent ceux qui les dirigent, sont susceptibles d'inconvénients dont malheureusement on n'a que trop d'exemples. Au reste, en demandant l'éloignement des fabriques dont il vient d'être question, on ne fait, pour ainsi dire, que réclamer l'exécution d'anciennes ordonnances de police qui n'ont jamais été abrogées, et d'après lesquelles il est constant, qu'il y avait certaines fabriques qu'on ne souffrait jamais dans l'intérieur de la ville. Si alors on se contentait de les reléguer dans les faubourgs, c'est que les faubourgs, qui étaient peu peuplés, offraient de vastes terrains inhabités, sur lesquels les fabricants pouvaient établir des ateliers, sans craindre que leur voisinage pût devenir incommode aux plus proches voisins. Mais aujourd'hui que les fabriques se sont multipliées, et que, dans les faubourgs, les maisons particulières sont presque en aussi grand nombre et presque aussi resserrées que dans l'intérieur de la ville, on ne voit plus sans inquiétude de nouvelles fabriques s'y élever, et si l'on supporte celles qui existent depuis longtemps, c'est que les propriétaires des maisons qui ont été bâties depuis, n'ont pas droit de se plaindre, puisqu'ils ont dû s'attendre aux inconvénients auxquels les exposait le voisinage de ces établissements. Quoique, d'après ce qui vient d'être dit, la nécessité d'écarter toutes.les fabriques comprises dans la première classe du tableau paraisse bien démontrée, la commission doit néanmoins faire observer qu'elle n'est pas éloignée de croire à la possibilité d'en pouvoir diminuer le nombre par la suite, surtout si les fabricants, abandonnant quelques-uns des procédés qu'ils emploient aujourd'hui, parviennent à en découvrir d'autres qui, sans avoir les mêmes inconvénients que ceux dont ils se servent, n'en soient pas moins propres à leur procurer les résultats qu'ils cherchent à obtenir.

» Déjà même on sait que dans quelques fabriques de soude et de bleu de Prusse, dont le voisinage est si redoutable lorsqu'on emploie les procédés ordinaires, on commence à faire usage d'opérations nouvelles, au moyen desquelles les gaz acide muriatique, hydrogène sulfuré, sont si bien coërcés, absorbés ou dilatés, qu'à peine même sont-ils sensibles dans l'intérieur des fabriques ; mais, il reste à savoir si ces opérations faites en grand auront du succès, et si leur emploi lui-même, n'est pas sujet à quelques inconvénients.

» 2° Les ateliers, établissements et fabriques compris dans la seconde classe du tableau, n'ont pas été jugés par la commission être dans le cas qu'on exigeât qu'ils fussent aussi éloignés des lieux habités, que ceux compris dans la première classe; mais cependant elle a pensé qu'il était indispensable de les surveiller.

» Pour bien sentir les motifs de cette opinion, il suffit de savoir que la plupart des opérations qui se pratiquent dans ces établissements, ne peuvent produire de vapeurs nuisibles, qu'autant qu'on ne prend pas tous les soins qui conviennent pour opérer leur condensation. Or, comme les procédés et les appareils au moyen desquels on parvient aisément à s'en rendre maître, sont aujourd'hui parfaitement connus et presque généralement adoptés, on n'a besoin que de recommander qu'ils soient employés, et il est indubitable qu'ils le seront, lorsque les propriétaires des fabriques dont-il s'agit sauront qu'on les surveille, et que la moindre négligence de leur part pourrait les exposer à recevoir l'ordre de cesser leurs travaux.

» Il faut cependant convenir que, dans plusieurs des fabriques comprises dans cette seconde classe, quelque précaution qu'on prenne pour bien luter les appareils (1), il y a toujours des gaz qui se séparent et qui sans doute incommoderaient les voisins, si leur quantité n'était pas si peu considérable, que rarement ils dépassent l'intérieur des ateliers; aussi les ouvriers qui y travaillent, seraient-ils les seuls fondés à s'en plaindre, si l'habitude de les respirer ne les rendait pas, pour ainsi dire, insensibles à leur action.

» C'est ainsi, par exemple, que lorsqu'on entre dans les fabriques d'acide sulfurique, nitrique et muriatique simple et oxygéné, on est frappé tout-à-coup de l'odeur de ces acides, tandis que les ouvriers s'en aperçoivent à peine, et qu'ils n'en sont incommodés que quand, faute de prévoyance, ils en respirent beaucoup à la fois.

» Au surplus, peut-être serait-il prudent d'exiger que surtout les grandes fabriques d'acides fussent placées à l'extrémité des villes, dans des quartiers peu peuplés, et qu'elles fussent disposées de manière à ce que dans le cas où quelques gaz viendraient à s'en échapper, ils pussent être entraînés sur-le-champ par des courants d'air. Cette précaution suffirait pour mettre les voisins à l'abri de toute espèce d'inquiétude.

» 3° Quant aux établissements indiqués dans la troisième classe, la commission est d'avis qu'il y a d'autant moins d'inconvénients à permettre qu'ils soient placés près des habitations, que, sous aucun rapport, ils ne peuvent être nuisibles, et que les précautions à exiger des propriétaires de ces établissements,

---

(1) Luter, enduire de lut, terme de chimie, qui signifie un enduit pour boucher les vases.

sont les mêmes que celles que tous les individus qui vivent en société, prennent ordinairement, lorsqu'ils ne veulent pas se nuire réciproquement.

» D'après toutes les considérations exposées dans ce rapport, la commission propose à la classe de répondre à Son Excellence le Ministre de l'Intérieur :

» 1° Que toutes les fabriques existant, soit dans les villes, soit dans les environs, n'étant pas également susceptibles de devenir incommodes, de nuire à la salubrité, et de causer des inquiétudes, par rapport aux accidents auxquels elles peuvent donner lieu, leur éloignement des endroits habités n'est pas non plus également nécessaire.

» 2° Que pour établir les différences qui existent entre ces fabriques, considérées sous le rapport des inconvénients dont elles sont susceptibles, il convient de les diviser en trois classes.

» 3° Que dans la première classe on peut placer les fabriques qui, donnant naissance à des émanations incommodes et insalubres, doivent nécessairement être éloignées des habitations.

» 4° Que les fabriques de la seconde classe, formée de toutes celles qui, ne devenant susceptibles d'inconvénients qu'autant que les opérations qu'on y pratique sont mal exécutées, doivent être soumises à une surveillance exacte et sévère, sans exiger qu'elles soient aussi éloignées que les premières. Seulement, il serait à désirer que les grandes fabriques d'acides minéraux fussent toujours placées à l'extrémité des villes, dans les quartiers peu peuplés.

» 5° Que les fabriques de troisième classe, n'étant sujettes à aucun inconvénient, n'offrent point de motifs pour qu'on ne consente pas à ce qu'elles soient placées près des habitations. »

Les conclusions si nettes et si précises de ce rapport furent transformées en décret, et à la date du **15 octobre 1810**, parut la seule loi générale sur la matière.

Les établissements dangereux, insalubres ou incommodes

furent divisés en trois classes, et pour chacune d'elles, le mode
et les formalités de l'autorisation furent tracés.

Nous n'entrerons point, quant à présent, dans l'examen des
dispositions du décret de 1810, elles feront l'objet d'un travail
distinct et développé, lorsque nous exposerons les conditions
imposées à tout établissement industriel, au moment de sa
création.

Au décret était annexé un tableau indicatif des établissements
compris dans chaque classe, et qui devait servir de règle toutes
les fois qu'il s'agissait de prononcer sur des demandes en formation de ces établissements.

Depuis le décret du 15 octobre, une ordonnance de police du
5 novembre 1810, approuvée par le Ministre de l'Intérieur, le 19
du même mois, indiqua les autorités auxquelles devaient être
adressées les demandes en autorisation des manufactures ou
ateliers dangereux, insalubres ou incommodes, et prescrivit l'in-
dication dans ces demandes de la nature des matières à préparer
et des travaux à exécuter dans ces manufactures, ainsi que le
dépôt d'un plan figuré des lieux et des constructions projetées.

Le Ministre de l'Intérieur adressa aussi aux préfets une circulaire en date du 22 novembre 1811, pour l'exécution du décret ;
elle fixe à un mois la durée des affiches qui doivent être apposées
en vertu de ce décret, pour la formation des établissements de
première classe.

Enfin parut l'ordonnance du 14 janvier 1815, qui confirma et
compléta le décret du 15 octobre ; quelques dispositions de ce
décret avaient besoin d'être expliquées, des perfectionnements
apportés à diverses branches d'industrie ou la création d'industries nouvelles, depuis sa publication, avaient rendu nécessaire
un remaniement du tableau annexé. Une nouvelle nomenclature
fut donc faite par l'article 1er ; mais l'ordonnance prescrivit en
outre : 1° un procès-verbal d'information de *commodo* et *incom
modo* pour les établissements de première classe comme pour

ceux de la seconde, et disposa que les permissions nécessaires pour la formation des établissements de la troisième classe seraient délivrées par les Sous-Préfets, après avoir pris l'avis des Maires. Enfin elle autorisait les Préfets à suspendre la formation ou l'exploitation de certains établissements nouveaux non compris dans la nomenclature, mais qui seraient de nature à y être placés, et à autoriser ceux qu'ils jugéraient devoir appartenir aux deux dernières classes, sauf à en rendre compte au Directeur-Général de l'agriculture et du commerce (Ord. 14 janvier art. 5.)

Une circulaire du Directeur de l'agriculture et du commerce, en date du 4 mars 1815, fut adressée aux Préfets, pour expliquer cette ordonnance et en prescrire l'observation.

Plusieurs ordonnances ont, depuis cette époque, modifié la nomenclature de 1815, ce sont celles des

29 juillet	1818.	27 janvier 1837.
25 juin	1823.	25 mars 1838.
20 août	1824.	15 avril 1838.
9 février	1825.	27 mai 1838.
5 novembre	1826.	27 janvier 1846.
20 septembre	1828.	arrêté du 6 mai 1849.
31 mai	1833.	décret du 19 février 1853.
30 octobre	1836.	

Nous ne parlons point des ordonnances sur les machines à vapeur, qui feront l'objet d'un chapitre spécial.

Le décret de 1810 assujettissait les établissements de première classe à l'autorisation préalable, par un décret rendu en conseil d'État. Cette formalité, qui était précédée d'enquêtes et de rapports, entraînait souvent des pertes de temps considérables.

L'industrie, qui souffrait depuis quarante ans d'un pareil état de choses avait, à divers reprises, adressé au gouvernement des plaintes énergiques. Elles devaient être entendues, et l'Empereur, dans sa vive sollicitude pour l'industrie, rendit le décret du 15 mars 1852.

Ce décret réalisait de la façon la plus radicale la décentralisation administrative. Les Préfets étaient investis des pouvoirs attribués précédemment au Conseil d'Etat, et pouvaient désormais, même sans l'approbation du ministère de l'intérieur, autoriser les établissements de première classe. Le gouvernement voulait qu'une action prompte et efficace remplaçât les lenteurs administratives. « S'il est juste, écrivait à ce sujet M. le Ministre de l'Intérieur à l'Institut, que chacun puisse exploiter librement son industrie, le gouvernement ne saurait, d'un autre côté, voir avec indifférence que pour l'avantage d'un individu, tout un quartier respire un air infect, ou qu'un particulier éprouve des dommages dans sa propriété. En admettant que la plupart des manufacturiers dont on se plaint, n'occasionnent pas d'exhalaisons contraires à la salubrité publique, on ne niera pas non plus que ces exhalaisons peuvent être quelquefois désagréables, et que, par cela même, elles ne portent un préjudice réel aux propriétaires des maisons voisines, en empêchant qu'ils ne louent ces maisons, où en les forçant, s'ils les louent, à baisser le prix de leurs baux. Comme la sollicitude du Gouvernement embrasse toutes les classes de la société, il est de sa justice que les intérêts de ces propriétaires ne soient pas *perdus de vue* plus que ceux des manufacturiers. »

CHAPITRE IV.

Historique de la législation des appareils et bateaux à vapeur.

Le document législatif le plus ancien qui ait paru en France, sur les bateaux à vapeur, porte la date du 23 avril 1823. Cette ordonnance royale, aujourd'hui abrogée, trouvait la navigation à vapeur établie déjà dans plusieurs départements, sur nos grands fleuves. — Quelques mots sur l'introduction des bateaux à vapeur en France ne paraîtront peut-être pas hors de saison.

Le premier ingénieur français qui construisit un bateau fonctionnant à l'aide de la vapeur, fut le marquis de Jouffroy.

Le 15 juillet 1783, à Lyon, en présence d'une foule immense qui se pressait sur les quais, et sous les yeux des membres de l'académie de Lyon, le bateau du marquis de Jouffroy remonta le cours de la Saône, qui dépassait alors la hauteur des moyennes eaux. Un procès-verbal de l'événement, et un acte de notoriété furent dressés par les soins de l'académie de Lyon.

Plein de confiance dans l'avenir de sa découverte, le marquis de Jouffroy s'occupa immédiatement d'établir un service de bateaux à vapeur sur la Saône et le Rhône. Il fallait des capitaux considérables ; l'inventeur n'était pas riche, il réunit une compagnie financière. Celle-ci, avant de commencer aucun travail, s'adressa au ministre de Calonne, afin d'obtenir un privilége de trente ans. Le Ministre consulta l'académie des sciences qui, jalouse de l'honneur qu'une pareille invention faisait à son auteur, méconnaissant le but de sa mission, fut d'avis de soumettre à de nouvelles épreuves l'invention du marquis de Jouffroy. — M. de Calonne approuva, et exigea avant toute concession, que le bateau remontât la Seine pendant plusieurs lieues avec un chargement de 300 milliers. — C'était exiger du marquis de Jouffroy une condition impossible, car il n'avait pas les capitaux nécessaires pour une pareille entreprise. L'affaire en demeura là, et la France perdit pour de longues années les précieuses ressources qu'elle eût pu retirer d'une navigation à vapeur sur ses fleuves et rivières.

Survint la révolution française, le marquis de Jouffroy émigra et il ne fut plus question de lui ni de son invention.

Au commencement du consulat, parut à Paris, un américain nommé Fulton, qui avait construit un bateau plongeur, avec lequel il assurait pouvoir faire sauter un bâtiment de guerre. Une épreuve eut lieu à Brest avec succès en 1801, mais il n'y fut pas donné suite. En même temps Fulton travaillait à la construction d'un bateau remorqueur, et après quelques expériences faites, de 1802 à 1803, sur la Seine, à l'île des Cygnes, Fulton, convaincu de l'excellence de son système, construisit un grand bateau de 33 mètres de long sur deux mètres 1/2 de large. Le 9 août 1803, ce bateau navigua sur la Seine avec une vitesse de une lieue et demie par heure, en présence d'une commission de l'Institut, composée des citoyens Bossut, Carnot, Prony, Volney. Fulton demanda au Premier Consul d'ordonner un rapport sur son invention, offrant d'en faire hommage à la France. Mais Bonaparte, déjà préoccupé de ses projets de descente en Angleterre, laissa sans réponse les sollicitations de Fulton qui, découragé, voyant qu'il n'avait rien à espérer, partit pour l'Angleterre. Méconnu, éconduit, après avoir été bercé de magnifiques promesses, il y séjourna peu et porta en Amérique sa merveilleuse découverte.

De 1806 à 1815, Fulton construisit aux États-Unis, un grand nombre de bateaux à vapeur et lorsqu'il mourut (24 février 1815), les grands fleuves de cette riche contrée étaient déjà sillonnés de ces rapides agents de transports.

A la faveur de la paix, les arts et l'industrie commencèrent à refleurir en France, et le marquis de Jouffroy, rentré à la suite de l'émigration, revendiqua pour la France l'honneur de la découverte. Un brevet lui fut accordé, et, le 20 août 1816, pendant les fêtes qui suivirent le mariage du duc de Bery, fut lancé avec solennité le *Charles-Philippe*. — Une société fut formée, et pendant plusieurs années la fortune sembla sourire au marquis de Jouffroy. Malheureusement une compagnie rivale, la société Pajol, vint lui faire la plus redoutable concurrence, et après quelques années d'exploitation, le marquis de Jouffroy vit encore s'évanouir les espérances qu'il avait conçues.

Mais pendant ce temps, l'industrie avait marché, et déjà la France recueillait les avantages de la navigation à vapeur. De toutes parts, sur les fleuves et rivières, on s'empressait d'appliquer ce nouveau moteur. Le Préfet de la Gironde, prenait dès le 15 novembre 1821 et le 27 mars 1822, des arrêtés pour la police des bateaux à vapeur, naviguant sur la Garonne. — Le gouvernement, après avoir recueilli, le 27 août 1822, l'avis du Ministre de la Marine, et, le 10 octobre suivant, l'avis du Conseil général des Ponts-et-Chaussées, publiait l'ordonnance royale du 23 avril 1823 par laquelle commençait cette notice. Il nous a paru intéressant d'en faire connaître les principaux motifs.

« Considérant, dit l'ordonnance, que les lois et règlements existants, appliqués aux bateaux à vapeur, ne garantissent pas d'une manière suffisante la sûreté de l'équipage et des passagers, et qu'ainsi il y a nécessité de recourir à des dispositions spéciales.

« Considérant qu'il importe d'établir, pour la police de ce genre de navigation, *déjà introduit sur plusieurs fleuves*, des mesures générales et uniformes, en laissant à l'autorité locale le soin de faire des règlements particuliers qui en dérivent, etc. »

Une commission, composée par le Préfet, devait être nommée à l'effet de s'assurer que le bateau était construit avec solidité, et particulièrement en ce qui concernait l'appareil moteur ; qu'il ne présentait aucune *probabilité d'effraction* (sic) ni aucune détérioration dangereuse. Nul bateau ne pouvait naviguer sans l'autorisation délivrée par le Préfet.

Cette ordonnance n'était point applicable aux machines fixes. Le gouvernement comprit bientôt la nécessité de protéger les industriels et les ouvriers contre les dangers de ces nouveaux appareils, et, le 24 novembre 1823, parut le règlement sur les machines à feu à haute pression. Ces machines étaient rangées parmi les établissements de deuxième classe et leur formation ne pouvait être autorisée qu'après l'accomplissement des formalités prescrites pour ces sortes d'établissements. L'épreuve des chaudières devait être cinq fois plus forte que la pression sous laquelle elles devaient marcher, et enfin elles devaient être munies de rondelles fusibles.

Une instruction ministérielle indiquait les mesures de précautions habituelles à observer dans l'emploi des machines.

Le 29 mai 1828, ordonnance qui réduit la pression d'épreuve pour les chaudières en cuivre ou en fer battu des machines à vapeur à haute pression, au triple de la pression habituelle de ces mêmes appareils.

Le 7 juin suivant, nouvelle ordonnance qui applique aux bateaux à vapeur les principales dispositions de l'ordonnance du 24 novembre 1823, et régularise ainsi cette législation qui, depuis lors, a toujours marché parallèlement avec celle des machines fixes.

En poursuivant l'examen des mesures réglementaires prises par l'Administration, nous trouvons, le 7 octobre 1829, une ordonnance qui assimile les appareils de chauffage par la vapeur aux machines ordinaires.

Pendant que l'industrie privée transformait les manufactures (1), et sillonnait les fleuves de bateaux à vapeur, l'Angleterre travaillait énergiquement à établir un réseau de chemins de fer qui embrassait la surface du pays. La France ne pouvait de-

---

(1) La première machine à vapeur établie en France, fut celle des forges de Littres (Calvados), construite en 1749, pour l'extraction de la houille. Pendant longtemps l'emploi de ces moteurs a été bien restreint, puisqu'il n'en a été créé que vingt de 1784 à 1816. En 1826, il en a été créé soixante-treize, et en 1828, soixante-dix-huit. Jusqu'à 1830, ce dernier nombre n'a pas été dépassé par année. Mais depuis 1830, l'accroissement est très considérable, et il résulte d'un compte-rendu présenté aux chambres, en 1836, par l'administration des ponts-et-chaussées, qu'au 31 décembre 1835, le nombre total des machines fonctionnant était de onze cent trente-deux. Depuis, le mouvement n'a pas cessé d'être progressif.

Extrait. Dalloz. *Répertoire de législation* (V. Machines à vapeur.)

meurer insensible à un pareil élan, et, le 9 juillet 1836, une loi autorisait la mise en adjudication des chemins de fer de Paris à Versailles, rive droite et rive gauche. Puis, venaient, en 1837, ceux de Bordeaux à la Teste, — du Creuzot au canal du Centre — d'Alais à Beaucaire et de Mulhouse à Thann.

Le mouvement était imprimé ; les forces vives du pays étaient tournées vers ces entreprises nouvelles qui appelaient à elles tous les capitaux grands et petits. En 1838, étaient votés les chemins de fer de Paris à Rouen et au Hâvre ; de Strasbourg à Bâle, de Paris à Orléans ; de Lille à Dunkerque, dont la concession fut annulée l'année suivante (1er août 1839. — Loi).

Dans ces circonstances, le gouvernement songea à réglementer la construction des machines locomotives, et, à la date du 29 août 1839, publia une ordonnance qui prescrivit le mode d'épreuves qu'elles devaient subir avant d'être livrées à la circulation.

Tel était l'état de la législation des appareils à vapeur, lorsque parut l'ordonnance du 23 août 1843. Par son étendue, son développement, elle constitue un code complet de la matière. Des événements graves avaient provoqué sa publication ; des accidents terribles causés par de fréquentes explosions, avaient fait sentir la nécessité d'assujettir à des prescriptions rigoureuses, un aussi redoutable agent que la vapeur.

En même temps, afin de faire disparaître toutes les traces des ordonnances précédentes, édictées par les nécessités du moment, et créées en quelque sorte au fur et à mesure que l'industrie se développait, le législateur de 1843 terminait ainsi son œuvre : (Art. 80.)

« Les ordonnances royales du 29 octobre 1823, 7 mai 1828, 23 septembre 1829, 25 mars 1830 et 22 juillet 1839 concernant les machines et chaudières à vapeur, sont rapportées. »

Deux mois après l'ordonnance, parut, en juillet 1843, une circulaire interprétative des dispositions qu'elle renfermait. Ce travail, extrêmement développé, est un véritable manuel, tant à l'usage du constructeur-mécanicien , que du chauffeur. Toutes les prescriptions de l'ordonnance y sont l'objet d'un commentaire, auquel la jurisprudence se réfère fréquemment pour l'application de la loi.

Nous en étudierons ultérieurement les dispositions.

Le législateur n'avait rien statué , quant aux omissions et contraventions qui pouvaient être commises. Le Code pénal ordinaire était applicable, et en cas de blessures ou même de mort , les poursuites étaient dirigées en vertu des art. 319 et 320, sous la prévention *de blessures ou homicide par imprudence.*

Cette législation parut bientôt trop douce ; la gravité et la multiplicité des accidents vinrent démontrer au gouvernement que pour des faits exceptionnels , tels que l'explosion ou la rupture des appareils renfermant la vapeur, il fallait armer la justice de pouvoirs exceptionnels.

C'est à cette nécessité clairement démontrée que la loi du 26 juillet 1856 doit sa naissance. Elle édicte des pénalités spéciales pour toute infraction à l'ordonnance de 1843 , et frappe d'un emprisonnement de huit jours à six mois l'auteur de blessures survenues par son fait ou par son imprudence , et d'un emprisonnement de six mois à cinq ans, si la mort s'en est suivie.

La loi de 1856 complète ainsi la législation des machines à vapeur fixes et sur bateaux. Cette dernière peut désormais servir de modèle et satisfaire à toutes les éventualités que la construction et la manœuvre des appareils à vapeur pourrait soulever. Les intérêts généraux , comme les intérêts particuliers, reçoivent ainsi la protection qu'un gouvernement sage doit à tous les citoyens.

TABLE DES MATIÈRES.

PREMIÈRE PARTIE.

DÉCOUVERTE DE LA VAPEUR.

		PAGES.
Chapitre I.	De la vapeur dans l'antiquité et au moyen-âge . . .	3
Chapitre II.	Salomon de Caus, sa vie et ses ouvrages.	8
Chapitre III.	Giovanni Branca. — Le père Leurechon. — L'évêque Wilkens. — Le père Kircher. — Le marquis de Worcester	13
Chapitre IV.	De la pression atmosphérique — De l'emploi du baromètre pour déterminer la pression atmosphérique. — Torricelli et Pascal. — Machine pneumatique. — Otto de Guericke	19
Chapitre V.	Denis Papin	24
Chapitre VI.	Le capitaine T. Savery. — Machine de Savery et Newcomen. — Machine atmosphérique. — Découverte par Potter, de la manière de faire fonctionner les soupapes	31
Chapitre VII.	James Watt. — Découverte du condenseur isolé. — Machine à simple effet. — James Watt et le docteur Rœbuck. — Société entre Watt et Boulton. — Machine à double effet. — Régulateur à force centrifuge. — Découverte de la détente de la vapeur .	38

DEUXIÈME PARTIE.

LÉGISLATION DES ÉTABLISSEMENTS DANGEREUX, INSALUBRES OU INCOMMODES.

Historique.

		PAGES.
Chapitre I.	Législation romaine sur les établissements dangereux insalubres ou incommodes	49
Chapitre II.	Législation des établissements dangereux, insalubres ou incommodes, depuis la féodalité jusqu'en 1789 .	52
Chapitre III.	De la législation des établissements dangereux, insalubres ou incommodes, depuis 1789 jusqu'à nos jours	58
Chapitre IV.	Historique de la législation des appareils et bateaux à vapeur	69

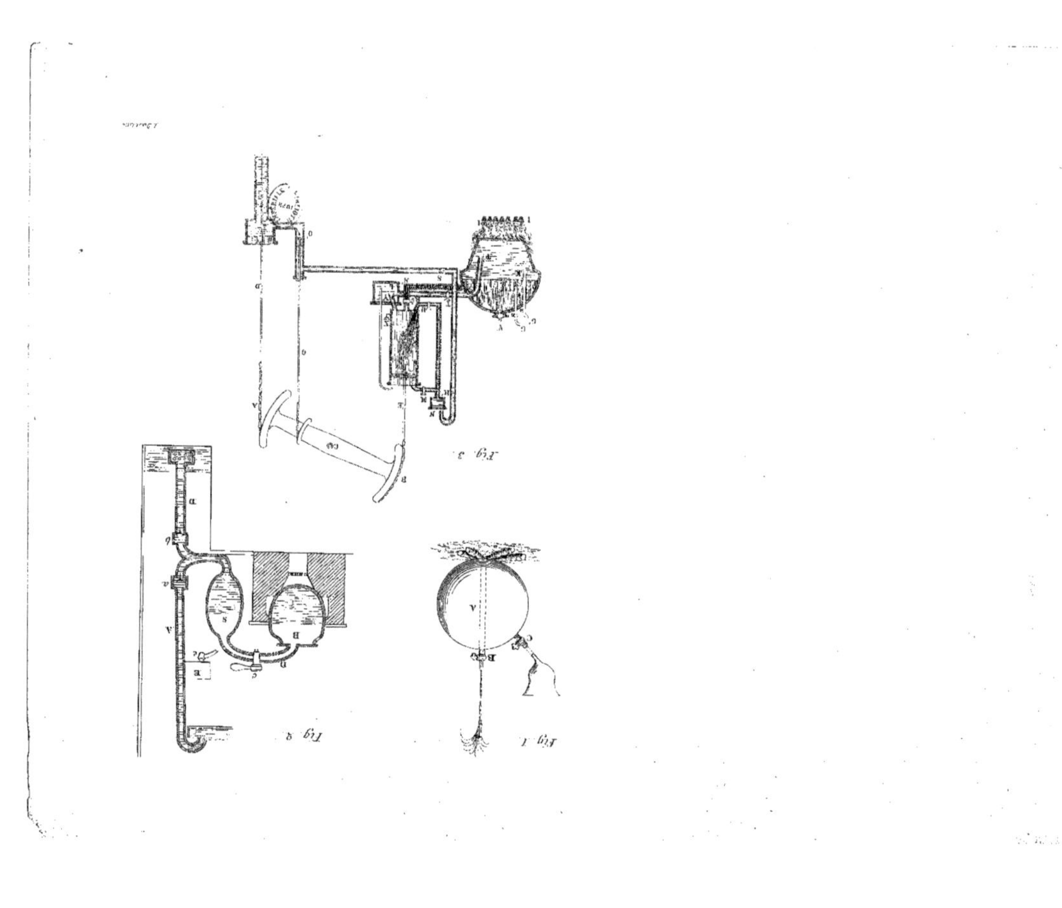